Maxx und Lucca – Ein Hund ist nicht genug.

Mut steht

am Anfang

des Handelns.

Glück

Am Ende.

Demokrit

Gestatten Hund - Maxx und Lucca Hund.

Wir sind das neue Autoren-Duo und wollen euch mit unseren Geschichten tierisch unterhalten. Ich, der Maxx, bin ein schwarzer Labbimix und vier Jahre jung. Und ich, der Lucca, bin ein Jahr alt und das Kind einer rumänischen Straßenhündin. In unserem Rudel leben noch unser Fotografenherrchen Matthias sowie unsere Tippse Elke. Wir wohnen in der Nähe von Heilbronn im schönen Schwabenländle. Da wir so viel angestellt haben, müssen wir unser Futter jetzt selbst verdienen.

Wir wünschen euch viel Spaß mit unserem Erstlingswerk. Und immer dran denken - schlimmer geht immer!

MAXX UND LUCCA
EIN HUND IST
NICHT GENUG
Maxx & Lucca Hund
Elke Hekler

Impressum/Datenschutz

Maxx und Lucca Hund Bachstraße 25 74177 Bad Friedrichshall vertreten durch: Elke Hekler

Kontakt: E-Mail: maxx-lucca-hund@gmx.de

Autoren: Maxx und Lucca Hund, Elke Hekler

Auf Facebook: Maxx-Lucca-Hund

https://www.facebook.com/pages/Maxx-Lucca-Hund/441793319355163?ref=tn_tnmn

Fotograf: Matthias Maxx

https://www.flickr.com/photos/matthiashn/albums

Inhaltsverzeichnis:

Damit ihr wisst wer euch so tierisch zutextet, werde ich mich erst einmal vorstellen!

Gestatten Hund - Maxx Hund.

Ich bin jetzt vier Jahre alt, da ist es meiner Meinung nach an der Zeit, als Hund von Welt seine Memoiren zu schreiben.
In meinem bisherigen Leben spielen Herrchen sowie Frauchen eine große Rolle. Auch über die viel zu kurze Zeit mit Lino werde ich euch berichten. Dass ich eine »Leiche« gefunden habe, sowie den heimtückischen Anschlag einer Kreuzotter überlebte, muss ich euch ebenfalls erzählen.
Selbst der furchtbare Mittag mit Fräulein Rottenmayer wird mir ewig in Erinnerung bleiben. Da die Zweibeiner der Ansicht waren »Ein Hund ist nicht genug« kam nach dreieinhalb Jahren Alleinherrschaft auch noch ein durchgeknallter Lucca dazu!
Er wird in meinem Rudel nur »Lucca, der Zerstörer« genannt. Auch, dass er sogar vor dem Hundegericht gelandet ist, will ich euch nicht verschweigen.

Wie jeder andere Hund wurde ich erst einmal geboren, um genau zu sein, am 24.01.2011. Entstanden sind meine elf Geschwister und ich bei einer schnellen Nummer hinter dem Auto eines Nachbarn.

Nach vierundsechzig Tagen wurde es zu eng in Mamas Bauch, es wurde Zeit umzuziehen. Damit uns die Zweibeiner von Anfang an unterscheiden konnten, legten sie uns verschieden farbige Halsbänder um. Ich trug ein wunderschönes Blaues.

Über die ersten paar Wochen gibt es aus meiner Sicht nichts Spannendes zu erzählen.

Als ich sechs Wochen alt war, kam endlich Leben in die Wurfkiste. Immer wieder kamen große und kleine Menschen bei uns vorbei.

Selbstverständlich nur, um mich zu bewundern ... Okay, jaaa richtig, sie haben auch meine Geschwister angeschaut. Aber mich am längsten, weil ich der Allerschönste von allen war.

Zwei meiner größten Verehrer waren Matthias und Elke. Sie kamen sehr häufig.

Sie spielten und schmusten mit mir, aber leider auch mit dem doofen grünen Halsbandbruder. Als ich sieben Wochen alt war, mussten sich die Beiden entscheiden. Elke hatte sich in das Baby mit dem blauen Band verliebt - also in mich, was natürlich eindeutig für ihren guten Geschmack sprach.

Matthias konnte sich völlig rüdenuntypisch, nicht entscheiden. Die einfachste Lösung für ihn ... dann nehmen wir eben beide.

Sein Argument war: Wenn wir einem Welpen den Vorzug gäben, und der andere käme ins Tierheim, dann könne er sich das nicht verzeihen.

Zu Elkes Glück kam an diesem Mittag eine sehr nette Frau vorbei. Sie verliebte sich total in meinen grünen Halsbandbruder. Er sollte ein Pfälzer werden und Paul heißen.

Die Entscheidung war gefallen und zu Elkes Erleichterung sollte ich Einzelhund bleiben.

Auch meine anderen neun Geschwister fanden alle ein gutes Zuhause.
Da sie mich ja schlecht »den Hund mit dem blauen Halsband« rufen konnten, musste ein passender Name für mein ganzes Hundeleben gefunden werden.
Mittlerweile war ich sieben Wochen alt und zu einem kleinen, sehr verfressenen Welpen herangewachsen.
Elke wollte mich Little Buddha nennen, weil ich so ein ruhiger runder Kerl war.
Sie meinte, ich würde so eine innere Ruhe ausstrahlen und weil sie sowieso gerade auf dem Ohmmmm-Meditations-Trip war, kam ihr die Erleuchtung: Ich wäre der Hund, den sie braucht.
Später sollte sie allerdings merken, dass Frau nie den Hund bekommt, den sie sich wünscht, sondern immer denjenigen, den sie auch verdient hat!
Zu meinem Glück saß ich gerade auf ihrem Schoss, als sie mich mit »Little Buddha« ansprach. Jetzt stellt euch mal einen ausgewachsenen, bildschönen schwarzen Rüden vor und sie ruft - »Little Buddha«.
Da würde ich doch die absolute Lachnummer bei den anderen Hunden sein.
Als sie ihre bescheuerte Idee auch durch mein ignorieren nicht bemerkte, war ich leider gezwungen, härtere Maßnahmen zu ergreifen - ich pieselte sie voll.
Bis sich die Zweibeiner endlich auf einen passenden Namen geeinigt hatten, waren sie ständig am Überlegen.
Was passt am besten zu mir, diesem kleinen Wuschelwelpen und was klingt auch noch gut, wenn ich ein großer Hund bin.
Endlose Tage später hatten sie sich auf Maxx geeinigt, mit doppeltem X!
Besondere Hunde haben eben Anspruch auf einen außergewöhnlichen Namen. Die Entscheidung war gefallen.
Mir wurde feierlich mitgeteilt, dass ich jetzt Maxx hieße und Elke und Matthias meine neuen Eltern seien.

Die Zweibeiner konnten es fast nicht erwarten, ihren kleinen Schatz ganz bei sich zu haben.
Endlich war es soweit und mit acht Wochen zog ich in mein neues Zuhause.
Frauchen hatte mich mittags abgeholt und daheim angekommen lies sie ihr Maxx-Baby erst mal in Ruhe die Wohnung erschnüffeln.
Ich habe es mir dann in meinem Hundebett neben ihr gemütlich gemacht und sie hat einen Ratgeber über Hundeerziehung gelesen.
Leider wird den Menschen immer noch geraten, sich alle zwei Stunden in der Nacht den Wecker zu stellen. Ein Hund soll dadurch schneller stubenrein werden.
Auf so eine Idee wäre Elke nie gekommen - Sachen gibt es!
Was sie wusste, dass ein Welpe in seiner Prägungsphase sehr viele verschiedene Menschen kennen lernen muss.
Also begab sie sich auf die Suche nach dicken, dünnen, großen sowie kleinen Zweibeinern.
Zum Glück war in dieser Zeit vor unserem Haus eine Baustelle, so dass es genügend »Übungsobjekte« gab.

Hundeverein war gestern, private Hundeschule ist heute.

Bei meinen vielen neuen Begegnungen lernte ich dann Lennox einen Golden - Retriever kennen. Er war sehr gut erzogen und genau so wollte Elke mich auch haben. Sie bekam von seinem Frauchen den Tipp von der privaten Hundeschule, in der Lennox seine Ausbildung absolviert hatte.

Mittlerweile war ich zehn Wochen alt und die Zeit wurde knapp, schließlich musste die Prägungsphase ausgenutzt werden.

Frauchen und der kleine Maxx eilten im Laufschritt nach Hause. Ihre Schuhe flogen in die Ecke und dann, nichts wie ran an den Computer um Kontakt mit der Hundeschule aufzunehmen.

Um das Aufräumen der Stiefel brauchte sie sich keine Gedanken mehr zu machen, denn darum kümmerte ich mich sofort.

Der Satz »Ordnung ist das halbe Hundeleben« bekam durch meine kreative Schuhbearbeitung eine völlig neue Bedeutung«.

Aber zurück zur Bewerbung in der Hundeschule. Sie schrieb: »Der Maxx ist ein zehn Wochen alter Labbimix und wir wollen auch so einen tollen Hund wie den Lennox haben«.

Kurz darauf kam die Antwort: »Hallo Maxx und Frauchen, ich würde mich freuen, wenn wir uns am Sonntag bei einem Gespräch beschnuppern könnten. Da jeder Hund, wie auch jeder Mensch, verschieden ist, liegt es an deinen Eltern und an dir, wie du dich entwickelst«.

Sie hat den Termin sofort bestätigt.

Am Sonntag sind wir dann voller Erwartung in das Auto, unserem Maxxmobil, gestiegen und losging es.

Der Treffpunkt war ein schöner eingezäunter Garten.

Petra, die Trainerin von der Hundeschule empfing uns sehr freundlich.

Frauchen hatte drei von meinen zehn Lieblingsspielsachen dabei.

Sie wollte gerade auspacken, wurde aber sofort von Petra gestoppt.

Ihr wurde mitgeteilt, Maxx müsse sich frei entfalten können, aber ohne irgendeine Art von Bespaßung. Also nahmen die Menschen erst einmal Platz und ich konnte, wie es gewünscht war, machen was ich wollte.

Was entdeckten da meine entzückten Welpenaugen? Einen Sandkasten zum Buddeln.

Super, da war ich doch gleich mit Umgraben beschäftigt, bestimmt hatten die Zweibeiner da irgendetwas Tolles versteckt.

Ich wurde immer schneller und eine volle Ladung Sand flog in das Gesicht der vermeintlichen neuen Trainerin. Frauchen rief noch »Maxx, was soll der Scheiß?« Das war genau mein Stichwort!

Ich setzte gleich mal einen großen Haufen in den Sand.

Bevor ich meine Hinterlassenschaft noch für die nachfolgende Hundewelt vergraben konnte, hatte Frauchen es schon entsorgt.

Ich bekam eine leise Ahnung davon, dass sie manchmal eine richtige Spaßbremse sein würde. Petra dagegen nahm mir ihr Sandpeeling überhaupt nicht übel, sie lachte und meinte, ich sei ein nettes Kerlchen.

Die gefiel mir als Trainerin, die Frau verstand wenigstens Spaß.

Die Menschen waren der gleichen Ansicht und sie buchten sofort zehn Mal Einzeltraining, so dass ich die wichtigsten Kommandos lernen konnte.

Die nächsten paar Wochen hatte ich donnerstags eine Stunde Unterricht, damit ich ein guterzogener Maxx werden sollte.

Rückblickend betrachtet würde ich sagen »Wir sind immer noch stets bemüht«!

Die Welpenstunde war montagmorgens, aber da hatte Frauchen keine Zeit.

Deshalb brauchten wir eine Alternative.

Da beim Hundeverein Welpenkurse angeboten wurden, wollten wir dort zusätzlich hin.

Mit den neuen Hundekumpels konnte ich bestimmt toll spielen und noch Einiges an Blödsinn von ihnen lernen.

Wir gingen dann am Dienstagabend so was von voll motiviert hin.

Die ersten zwei Mal dort waren super.

In einem eingezäunten Gelände tobte ich mit den anderen Welpen so herum, wie ich es mir gewünscht hatte. Wir übten spielerisch und Frauchen fand es auch prima.

Ja, bis wir Platz üben sollten, ich aber lieber mit den Hundekumpels weiter spielen wollte!

Da heißt es nicht wie in der Waldorfhundeschule: Suuuper, toller Maxx!

Auch wenn ich mir etwas mehr Zeit lasse und noch ein wenig überlege ... wie ging das nochmal genau?

Beim Hundeverein geht das *ganz* anders - einmal Plaaaaatz gesagt und gut ist.

Der Trainer nahm meinem unfähigen Frauchen die Leine aus der Hand und drückte mich unsanft auf den Boden.

Was soll ich euch bellen, SIE sagte sehr laut und seeeehr deutlich ihre Meinung.

Es war der erste Verein, aus dem sie raus flog.

Waldorfhundeschule und Hundeverein sind für uns nicht kompatibel.

Den Einzelunterricht bei Petra hatte ich inzwischen erfolgreich beendet. Mittlerweile war ich fast fünf Monate alt und die Komandos beherschte ich schon prima. Den nächste Teil meiner Ausbildung machte ich mit vier andere Hunde, die im gleichen Kurs waren.

Wir machten tolle Sachen und trainierten an verschieden Orten ... Alltagstraining nannte sich das Ganze.
Dort habe ich dann auch zum ersten Mal den sagenumwobenen Leckerlibaum getroffen. Er und seine Baumfreunde haben sich hingelegt, so konnten wir auf ihnen herumklettern und dabei die Leckerlis suchen.
Ein anderes Mal haben wir einen Bauernhof mit einem Streichelzoo besucht. Frech wie ich bin, habe ich meine Schnuffel bei den Ziegen reingesteckt. Eine von ihnen schlabberte mich voll heftig ab. Ups - die hatte vielleicht eine raue Zunge, ganz anders als wir Hunde.
Auch Stadttraining haben wir gemacht, dass war ziemlich anstrengend. Lustig wurde es aber erst, als wir an einem Park vorbei gekommen sind. Dort gab es einen Teich mit vielen frechen Enten drin. Manche haben sich auch auf der Wiese geputzt und ich habe ganz deutlich gemerkt, sie wollen mit mir spielen.
Also nichts wie hin ...
Schade als ich näher kam, sind alle ins Wasser geflogen und weg waren sie. Elke unterhielt sich gerade mit der Trainerin, als ich den Vögeln deshalb hinterherrennen musste.
Da ich damals schon muskulöse zwanzig Kilo wog, zog ich das überraschte Frauchen hinter mir her. Nur dem raschen zupacken von Petra, hatte sie es zu verdanken, dass sie nicht baden ging. Durch die zwei Meter lange Leine schaffte wenigstens ich es, kurz ins Wasser zu gelangen.
Leider konnte ich meine neuen Entenfreunde nicht begrüßen, denn zu meinem großen Bedauern wurde ich sofort wieder aus dem Teich gefischt. Da in der Waldorfhundeschule nicht mit den Hunden geschimpft wird, blieb mir die »Predigt« von *ihr* erspart.

Die Besucher eines Cafés nebenan hatten viel Spaß mit uns und amüsierten sich köstlich über mein ungeschicktes Frauchen.

An einem Sonntag sind wir mit der Hundeschule in den Wildpark nach Bad Mergentheim gefahren.
https://www.wildtierpark.de/
Ihr müsst euch vorstellen, dort gibt es 70 verschiedene Tierarten auf insgesamt 35 Hektar Fläche - Wahnsinn. Weil wir Hunde an diesem Sonntag auch da waren, konnten die anderen Besucher noch eine weitere Tierart bewundern - den Junghund!
Da leben sogar 30 unserer Vorfahren, ein ganzes Wolfsrudel, das war total aufregend. Zu bestimmten Zeiten kommen sie zur Fütterung heraus und man kann sie dann prima beobachten.
Auch Wildschweine wohnen dort, irgendwie hörte sich denen ihr Bellen aber sehr komisch an.
Ein wenig neidisch wurde ich, als ich sah, wie sie sich im Dreck suhlen konnten und kein Frauchen mit ihnen schimpfte.
Nach diesem anstrengenden Vormittag hatten wir uns eine Pause verdient.
Als ich mich so umschaute, merkte ich, dass es keinen großen Unterschied zwischen Hundefrauchen und den Kinderfrauchen gibt.
Beide packen ihren Rucksack mit Nahrung und Getränken und sorgen dafür, dass es ihrem Nachwuchs an nichts mangelt. Mir ist aufgefallen, dass meistens die Weibchen ihre Kinder umsorgen.
Bei unserem Rudel läuft das aber ganz anders! Herrchen setzte sich mit mir an einen schattigen Platz und passte auf, das ich keinen Blödsinn machte. Frauchen hatte es da wirklich gut, sie musste sich nur noch um frisches Wasser und mein Futter kümmern.
Als sie das erledigt hatte, holte sie noch Getränke und Essen für sich und Herrchen. Nachdem wir nun alle ausgeruht und satt waren, haben wir uns noch eine Vorführung angeschaut, bei der Border Collies mit Enten arbeiten. Ich muss euch bellen, die haben uns alle ziemlich beeindruckt.
Das war ein tolles Erlebniss und kaum war ich wieder im Auto, habe ich schon vor mich hingeschnarcht.

Neue Herausforderungen des Alltags.

Bei unseren täglichen Gassirunden haben wir fast jeden Tag neue Hunde mit ihren Menschen, kennengelernt.
Eine davon war Alegra, sie fand ich am tollsten.
Bei einem dieser Spaziergänge hat sich Frauchen wegen mir total erschrocken, und das kam so: Sie hatte sich irgendwann darüber gewundert, dass von Herrchen nur einzelne Sneakersocken ins Bad zur Wäsche gelegt wurden.
Er bestritt das, sein Standardspruch ist und bleibt auch heute noch: »Frag doch den Maxx - der klaut doch immer alles«!
Diese Unverschämtheit stimmt nur manchmal und selbst dann nur, wenn ich, sehr hungrig bin. So wie damals als ich auf der Suche nach etwas Essbarem das Badezimmer durchschnüffelte.
Das Einzige was ich fand, waren Socken, die etwas streng nach Käse rochen ... ich liebe Käse. Ich schaute die eine Socke an und schwupps, war sie in meinem Maul. Ich kann nur dazu sagen, dass ich nichts dafür konnte – eigentlich! Das doofe Teil hatte mich so lange blöd angemacht, bis ich es am Stück gefressen habe. Ein paar Tage später kam die Socke beim Kacken dann aber wieder zum Vorschein.
Frauchen blieb beinahe das Herz stehen, als etwas längliches Dunkles aus meinem Hintern hing. Noch einmal kräftig gedrückt und das Dingens lag neben dem Häufchen.
Elkes Gesichtsausdruck hättet ihr sehen sollen!
Sie bekam ihre Klappe fast nicht mehr zu. Das andere Frauchen musste ganz arg lachen und meinte: »Maxx ist so verfressen er macht nicht mal halt vor Socken«!
Allerdings muss ich hier noch einmal betonen, sie sah aus wie neu.
Nicht Elke – nee, die arme Socke, die leider völlig unnötigerweise zusammen mit der Kacke gleich entsorgt wurde.

Wir trafen uns jetzt jeden Mittag mit meiner Hundekumpeline, meiner Alegra. Oft war auch Rocky mit den langen Ohren dabei, ihr glaubt es nicht, aber ab und zu ist der sich sogar selbst drauf getreten.
Wir drei waren fast gleich alt, hatten jede Menge Unsinn im Kopf, daher wurden wir nur noch - die jungen Wilden - genannt.
Alegra und ich waren sehr schnell, aber auch Rocky wollte immer mit uns herumrennen. Da er einfach zu langsam war, hat er seinem Frauchen gebellt, wir wären so gemein und würden ihn nicht mitspielen lassen. Er ist ja ein ganz lieber Kerl und wenn wir Rüden unter uns waren, hatten wir viel Spaß miteinander.
Ich kannte ja die Leckerlibäume schon und übte »Sitz und bleib«, während Frauchen kontrollierte, ob die Leckerlis reif waren. Zuerst durfte Rocky suchen und ich musste zusehen, bis er endlich fertig war.
Da habe ich das Wort »Frustrationstoleranz« zum ersten Mal gehört.
Sie hatte sich dazu ein Buch gekauft und ich musste als Versuchshund herhalten. - Na ja, Spaß sieht eindeutig anders aus.
Vor laute Ungeduld ist mir dann aber, etwas ganz Doofes passiert. Rocky war am Leckerlibaum - aber wieder mal viel zu langsam beim Suchen. Da er das Futter nicht fand, wollte ich ihm behilflich sein.
Ich erwischte statt des Leckerlis sein Ohr, es hatte einen kleinen Riss, was nicht so schlimm gewesen wäre. Aber er hatte vor kurzem eine Operation an genau dieser Stelle gehabt. Leider ging die Naht auf. Die Menschen bemerkten es erst, als das Ohr heftig zu bluten anfing. Sein Frauchen ging dann gleich mit ihm zum Tierarzt, wo die Naht unter Narkose wieder zugenäht wurde.
Mir hat das sehr leidgetan und Elke hat die dreihundert Euro Tierarztkosten selbstverständlich bezahlt.
Die Hundehaftpflicht erstattete nur die Hälfte, weil wir beide nicht angeleint waren.

Mein Hundeleben ging fröhlich weiter und ich war auch häufig mit Frauchen alleine Gassi.

An diesem Tag hing sie an der Schleppleine hintendran und gerade, als sie sich bückte, sah ich eine Maus. Dann ging alles sehr schnell und ein leichtes Erdbeben erschütterte die Gegend. Ihr braucht euch wirklich nicht zu wundern, dass ich sooo erfolglos bin. Zieht ihr erst mal euer Frauchen auf dem Boden hinter euch her und versucht dabei noch eine Maus zu fangen!

Das ist sowas von schwierig, wenn man so eingeschränkt wird wie ich.

Ach so, ihr fragt euch, wie SIE es überstanden hatte? Erstaunlich gut.

Sie war damals zwar in der Eingewöhnungsphase und ihre Falltechnik war noch lange nicht ausgereift, aber durch ausgiebiges Training und diverse Übungen ist sie jetzt fast perfekt.

Ja Leute - Aus dem kleinen gemütlichen »Little Buddha« war ein wilder, etwas ungestümer Maxx geworden.

Hiiilfe, Frauchen kommt in die Flegelphase.

Ich habe ja schon einiges über die Flegelphase eines Menschen gehört, aber Leute, so schlimm hatte ich es mir nicht vorgestellt. Als ich ungefähr sechs Monate alt war, fing es bei ihr an. Von einem Tag auf den anderen bekam *Sie* Bedarfstaubheit und ich konnte bellen, was ich wollte, sie hörte, nur wenn sie Lust dazu hatte. Dabei waren wir doch in einer so guten Schule mit ihr gewesen. Das Geld dafür hatte ich mir mühsam von den Pfoten abgespart aber wie ich jetzt feststellen durfte - vergeblich.

Verfressen war sie ja schon immer und manches Mal musste ich ihr das ungesunde Essen aus dem Maul nehmen. Was daheim schon schlimm genug war, wurde draußen zu einem echten Problem.

Am peinlichsten war, als sie sich in Menschenscheiße gewälzt hatte und sich dann auch noch genüsslich abschleckte. Als ich heftig mit ihr gebellt habe, wollte sie mich sofort beschwichtigen.

Ihr glaubt es nicht, die hat versucht mich abschlabbern - Bäääh, war das ekelig!

Zum Glück war ein Bach in der Nähe, da schickte ich sie stinkend, wie sie war, erst einmal hinein.

Auch wenn ich mit anderen Hunden spielte, musste ich sie immer im Auge behalten. Die war doch tatsächlich dazu im Stande sich umzudrehen und nach Hause zu gehen.

Wenn ihr jetzt denkt, das kann, doch so nicht wahr sein - Richtig.

Vielleicht habe ich da doch die eine oder andere »Kleinigkeit« durcheinandergebracht!

Das goldene Armband ist weg!

Während der Schulzeit hatte ich das Kommando »Tauschen« kennen gelernt. Wenn ich etwas klaue, dann muss Frauchen mir etwas Besseres zum Tausch anbieten.

Es gibt dabei unzählige Möglichkeiten, um das zu üben.

Ihr werdet sicher verstehen, dass es eines meiner Lieblingskommandos ist.

Ich lasse mich auch fast immer auf den Spaß ein, nur schnell muss sie sein.

Bei einem ihrer seltenen Anfälle von Putzwahn fiel ihr unbemerkt ein goldenes Armband auf den Boden. Da ich tauschen wollte, musste ich es ihr natürlich zuerst zeigen. Dieser leicht irre Blick von ihr war schon jeden gefressenen Knochen wert.

Auf dem Weg ins Wohnzimmer wich ich dem halbvollen Wassereimer geschickt aus - Frauchen leider nicht!

Mit nassen Socken folgte sie mir ins Wohnzimmer und säuselte ... »Maaaaxx tauschen«.

Dachte sie vielleicht, ich sei doof? Sie hatte doch außer ihrem Putzlappen nichts in der Hand.

Nachdem sie mir mit dem selbigen auch noch drohte, war meine Lust, zu Tauschen, gleich Null.

Ein letztes Mal zeigte ich ihr das dünne Armband, dann schluckte ich das gute Stück herunter.

In ihrer Verzweiflung hatte sie mir dann mein Maul aufgerissen und nach Essensresten durchsucht.

Nachdem mir schon der Kiefer wehtat, musste sie einsehen, dass da kein Armband mehr war.

Haaaallo, ich bin fast ein ganzer Labbi, wir kauen nicht, wir saugen das Fressen vollständig in uns rein.

Den Anruf beim Tierarzt hätte sie sich sparen können.

Er meinte, ich sei jetzt noch wertvoller und sie solle rohes Sauerkraut füttern.

Meine Kacke müsste sie, wenn sie Wert auf ihr Armband lege, sorgfältig untersuchen.

Da ich dank des köstlichen Sauerkrauts und des Nassfutters auch noch mehr als sonst fraß, wurde ich ihr absoluter Scheißhund. Bei jeder Gassirunde sammelte sie meine Hinterlassenschaft ein und nahm sie mit nach Hause. Erst wurde auf der Terrasse alles durchgeknetet und dann die Tüte aufgemacht.

Unter Lautem »Ist-das-ekelig-Gemotze« füllte sie den Inhalt in ein Sieb, das auf einem Eimer seinen Platz gefunden hatte, hinein. Das Ganze wurde dann mit dem Gartenschlauch abgespritzt. Dieses lustige Spiel wiederholte sich bis zu vier Mal in vierundzwanzig Stunden.

Endlich, nach drei Tagen sah sie in dem Sieb ihr goldenes Armband. Es war so schön, zu sehen, wie sie sich darüber freute. Allerdings wollte sie es danach nie wieder auf ihrer Haut spüren, denn die bloße Erinnerung daran, wie es in meinem stinkigen Haufen gelegen hatte, hielt Frauchen davon ab.

Eigentlich ... Aber da sie das Armband von ihrer Patentante, Fräulein Rottenmayer, bekommen hatte, musste sie es einen Mittag lang ertragen.

Wie jedes Jahr hatte sich Tante Lina Rottenmayer zu einem Besuch angemeldet. Die etwas ältere Dame bestand auf das »Fräulein« und wollte auch von meinem Herrchen so angesprochen werden.

Der lästerte heimlich, dass auf ihrem Grabstein bestimmt einmal stehen würde: »Hier ruht Lina Rottenmayer, sie geht ungeöffnet zurück«!

Frauchen durfte aber Tante Lina zu ihr sagen, weil sie mit ihr verwandt war. Nachdem die Wohnung perfekt aufgeräumt, sowie der Kaffeetisch gedeckt war, begab sie sich in die Küche um den Kuchen aufzuschneiden. Zwei Stückchen leckere Sahnetorte hatte sie schon auf die Kuchenplatte gestellt und weitere Teile sollten folgen. Es klingelte, sie ging an die Tür und eine streng nach Parfüm riechende alte Frau kam schnaufend die Treppe herauf.

Nicht genug, dass Frauchen von ihr umarmt wurde, nein, die drückte ihr auch noch einen knallroten feuchten Lipppenstiftknutscher auf die Wange ... Pfui Teufel, das sah vielleicht ekelig aus.
Herrchen war zu dieser Zeit kurz mit mir in der Küche verschwunden. Er hatte an meiner Schnauze die verräterischen Spuren von Sahnetorte entdeckt. Als wir wieder auftauchten, blickte die Tante mich entsetzt an und fragte: Was ist das denn?
Herrchen meinte: »Wir nennen ihn Maxx und er ist ein Hund«!
Er begrüßte Fräulein Rottenmayer, die immerhin die Erbtante von Frauchen war, übertrieben höflich. Was ihm sofort einen strafenden Blick von Frauchen einbrachte. Herrchen begab sich in die Küche, um den restlichen Kuchen zu schneiden. Ich starrte die alte Tante an, denn mich interessierte tierisch, was sie um den Hals hängen hatte.
Ich wich ihr nicht von der Seite, ihren bösen Blick ignorierte ich vollkommen.
Schließlich war sie Gast in meinem Haus und hatte mir gar nichts zu sagen.
Nachdem sich alle hingesetzt hatten, legte sie das Teil voller Stolz hinter ihrem Stuhl ab. Das sah vielleicht gruselig aus, es hatte vorne einen Kopf und dann ein langes Fell.
Frauchen bemerkte meinen Blick und meinte zu ihrer Tante Lina, dass sie nicht verstehen könnte, warum man sich einen toten Fuchs um den Hals hängen muss.
Die Gelegenheit war günstig und ich schlich mich vorsichtig an das leblose Tier heran und zog es zu mir herunter. Gerade als ich es mir in meinem Hundebett näher betrachten wollte, bemerkte es Herrchen und fing laut zu lachen an.
Leider hatte Fräulein Rottenmayer nicht so viel Humor und war sauer.
Durch diese, ganze unnötige Hektik musste ich mir in diesem Moment die geklauten zwei Stück Sahnetorten noch einmal durch den Kopf gehen lassen.

Weil ich mich vorher beim mopsen des Kuchens so beeilen musste, spuckte ich die Teile wieder vollständig aus - zu Frauchens Ärger und Herrchens Belustigung – direkt vor Fräulein Rottenmayers Füße. Sie schrie entsetzt auf und schüttelte sich vor Ekel über das kleine Missgeschick. Nachdem die Reste meiner Torte entfernt waren, legte unser Gast erst richtig los. Elke sollte in eine gescheite Hundeschule mit mir gehen, sie würde uns dabei auch finanziell unterstützen.

Damit vielleicht doch noch ein guterzogener Hund aus mir werde. Sie zückte ihren Geldbeutel und drückte Frauchen »zwanzig Euro« in die Hand und meinte teile es dir aber gut ein. Du hast bei der Erziehung große Fehler gemacht, das wird teuer. Am besten gehst du in einen billigen Hundeverein, dann reicht das Geld eine Weile.

Herrchen verschluckte sich kurz am Kaffee und ging schnell raus. Die Tante hielt Elke dann noch einen längeren Vortrag - wie Hunde und Männer zu behandeln sind. Da Tante Lina weder Mann noch Kinder und auch keine Hunde in ihrem Leben hatte, war sie natürlich Profi bei diesen Themen!

Sie teilte uns noch mit, dass es ihr letzter Besuch bei dieser unmöglichen Familie gewesen war. Jetzt wurde Frauchen richtig sauer und antwortete: Darüber sind wir dir sehr dankbar. Natürlich musste die doofe Tante noch das letzte Wort haben.

Sie werde ihr Vermögen sowie ihren Fuchsschal an den »Verein für tugendhafte Frauen« vererben.

Sie meinte, vielleicht würde das Elke zur Besinnung bringen.

Endlich war sie fertig und Herrchen brachte sie grinsend, an die Wohnungstür.

Hund sei Dank!
Die waren wir los denn von jemandem, der tote Tiere spazieren, trägt, wollen wir sowieso nichts haben.

Endlich allein zu Hause, was für eine Ruhe!

Wenn die Zweibeiner Futter verdienen gingen blieb ich brav alleine zuhause. Ich weiß, ich war ein richtiger Langweiler und stellte daheim fast nichts an ...
Richtig, die Betonung liegt auf »daheim« und »fast«! In meinem ersten Lebensjahr war es meinen Menschen sehr wichtig, dass keine Kabel in der Steckdose waren, und auch die Schuhe mussten an ihrem Platz sein. Auf giftige Zimmerpflanzen haben sie ebenfalls verzichtet. Am Anfang wurde ich noch videoüberwacht und die Nachbarn mussten an der Wohnungstür lauschen. Sie sollten Frauchen dann sofort berichten, ob ich Randale machte.
Aber da das Alleinsein ja schrittweise mit mir geübt wurde, war das für mich kein Problem. Die vier Stunden habe ich einfach verpennt. Ich habe auch nichts kaputt gemacht und wenn Frauchen mittags nach Hause kam, war sie immer sehr stolz auf ihren Maxx. Angestellt habe ich immer nur dann etwas, wenn die Beiden zu Hause waren. Hund braucht schließlich sein Publikum und will auch »Tauschen« können. Bei ein paar Sachen waren sie aber nicht schnell genug – dann waren sie weg.

Einmal habe ich etwas total Blödes gemacht und den Mülleimer nach Essbarem durchsucht.
Darin lag eine Slipeinlage und die habe ich dann gefressen. Bääääh, die schmeckte zwar widerlich, doch verfressen wie ich nun einmal war, störte ich mich nicht weiter daran. Die Menschen hatten gemerkt, dass ich was geklaut hatte, aber nicht, was es gewesen war.
Es war ein Sonntagnachmittag, als es mir immer schlechter ging und mir der Bauch ganz arg wehtat. Frauchen hatte da schon einen Verdacht und telefonierte mit unserer Tierärztin. Sie meinte, wir müssten sofort in die Tierklinik fahren. Als wir dort

ankamen, wurde ich gleich geröntgt und es war deutlich zu erkennen, dass mein Darm aufgebläht war. Die Ärztin sagte den Menschen, ich würde Infusionen bekommen und müsste die Nacht hierbleiben. Wenn das Teil morgen früh nicht von alleine raus käme, müsste sie operieren. Es bestünde die Gefahr eines Darmverschlusses und das wäre tödlich. Mich armen kleinen Maxx alleine lassen, kam überhaupt nicht in Frage. Also saßen sie drei Stunden bei mir auf dem Boden im Wartezimmer und warteten, bis die Infusion durch gelaufen war.

Ich habe dann geschlafen, Herrchen tröstete Frauchen, die sich schlimme Vorwürfe machte.

Danach ging es endlich nach Hause.

Die Tierärztin teilte meinen Menschen noch mit, dass ich auf keinen Fall spucken dürfte. Ich war kaum daheim, da wurde mir sehr übel - und ich musste doch spucken. Sie telefonierten wieder mit der Tierklinik. Die Ärztin sagte, wir können nur abwarten. Viel Hoffnung, dass sie mich am nächsten Morgen nicht operieren müsste, machte sie ihnen nicht. Ich durfte mich in die Mitte ihres Bettes legen, damit sie mich immer unter Beobachtung hatten.

Gegen vier Uhr morgens musste ich so was von kacken und hatte es verdammt eilig in den Garten zu kommen. Zweimal kräftig gedrückt und das böse Teil kam mit viel Gestank aus mir heraus.

Warum Frauchen dann so geheult und mich ständig gestreichelt hat, das verstand ich in dem Moment überhaupt nicht. Da ich von der ganzen Anstrengug sehr müde war, legte ich mich sofort wieder hin. Ich habe dann tief und fest geschlafen.

Am nächsten Morgen sind wir noch einmal zum Röntgen gefahren und die Ärztin war sehr zufrieden mit dem Ergebnis. Mir ging es am Abend schon wieder sehr viel besser.

Seit diesem Zeitpunkt hat Frauchen noch besser aufgepasst, dass ich keinen solchen Mist fresse.

Dafür habe ich dann total nützliche Sachen kennengelernt!
Der Sommer war da und Lennox hat mir gebellt, dass es an der Zeit sei, schwimmen zu lernen. Also packten wir die Schwimmflügel und meine Schleppleine zusammen und ab ging es ins Auto. Das mit den Schwimmflügeln war nur Spaß ... so was braucht ein Maxx doch nicht.
Wir sind dann an den Neckar gefahren und los gings mt dem Training! Lennox stürzte sich sofort ins kühle Nass und begann zu schwimmen, ich hinterher - und weg war ich. Frauchen wollte sich schon in die Fluten stürzen und mich vor dem Ertrinken zu retten, aber da schwamm ich bereits hinter Lennox her.
Herrchen dagegen beabsichtigte diesen bedeutenden Moment mit der Videokamera festzuhalten. Allerdings war er wegen ihres Gekreisches kurzzeitig irritiert und weg war nicht nur ich, der Maxx, sondern auch der Augenblick.
Das Juniorfrauchen von Lennox, die Lisa, hat mir noch eine Urkunde überreicht, auf der stand:
Maxx hat die Seepferdchen-Prüfung erfolgreich bestanden.

Ich treffe meine beiden Schwestern und besuche meinen Bruder Paul!

Mit Luna und Lucky, meinen Schwestern, haben wir uns auch getroffen. Zur Begrüßung habe ich erst mal bei beiden versucht, aufzureiten. Ich musste ihnen doch zeigen, dass ich immer noch der Super-Maxx aus der Welpenkiste war.
Die Beiden zickten mich dann aber gleich blöd an. Damit wollten sie mir bestimmt zeigen, was für ein »toller Hund« ich für sie war. Aber leider war das nicht meine einzige Unart, sehr zum Leidwesen von Frauchen. Im Gegensatz zu mir, dem Typ »nerviger Hund«, waren die beiden sogar in einer Gaststätte brav.
Meinen Lieblingsbruder haben wir auch besucht, das war sooo klasse.

Schwabenmaxx und Pfälzerpaul... Wir hatten so viel Spaß!

Erinnert ihr euch an meinen Pfälzer Bruder Paul? Richtig, das war genau der, den Herrchen auch noch wollte. Die beiden Frauchen hatten oft miteinander telefoniert und es wurde ein Treffen mit Heike und Paul vereinbart.

Wir trafen uns gegenüber von Speyer am Rheinstrand. Da wir uns nach dem Auszug aus dem Welpenhaus nicht mehr gesehen hatten, freuten wir uns tierisch darüber. So viel Wasser und dann der Strand - Leute ich war voll begeistert. Als dann Elke meinen Rucksack mit lecker belegten Broten vor sich hinlegte, war ich blitzschnell bei ihr.

Ich schielte zu Pauls Frauchen hin, um zu sehen, was sie gerade Gutes herausnahm. Denn bekanntlich schmecken nicht nur den Menschen die Kirschen aus Nachbars Garten besser, sondern auch uns Hunden die feinen Sachen, die für andere Artgenossen bestimmt waren. Als sie dann auch noch eine Wurst auspackte und sie kurz in der Hand hielt, kam es zu einem Missverständnis zwischen uns beiden.

Ich dachte: »Was für eine nette Frau, die bietet mir aber was Leckeres zum Fressen an«. Ich nahm sie ihr dann voll Vorfreude aus den Fingern. Sie jedoch wollte die Saitenwurst gerade zum Mund führen, wurde dabei aber kurzzeitig von Paul abgelenkt.

Ich saugte das Teil in zwei großen Bissen in mich hinein. Sprachlos schaute Heike in meine Richtung und schüttelte verblüfft über diese angebliche Dreistigkeit den Kopf. Hund kann ja mal was falsch verstehen.

Ich glaube, meine Menschen haben sich in diesem Moment ernsthaft gefragt, warum sie nicht Paul zu sich genommen haben. Herrchen sah Frauchen an und sagte: »Dein Hund wieder«! Wenn ich brav bin, dann bin ich selbstverständlich sein Maxxi – Schatzi. Sonst gehöre ich Elke ganz alleine.

Nachdem ich mich gestärkt hatte, spielte ich noch eine Runde mit Paul im Wasser und versuchte dabei die Wellen zu fangen. Das war vielleicht anstrengend, die dummen Dinger sind immer abgehauen. Wir haben

uns dann an den Strand gelegt und den vorbei fahrenden Schiffen zugesehen. Auch so ein toller Tag geht einmal zu Ende und wir freuten uns auf ein baldiges Wiedersehen.
Ein paar Wochen später war es soweit. Wir trafen uns erneut mit Heike und Paul. Diesmal wollten wir sie zu Hause besuchen. Ich war total erstaunt, in welch schöner Gegend Paul lebt. Ich belle es nur ungern, aber ein wenig neidisch war ich doch auf ihn. Da gibt es viele Weiher und auch der Rhein ist nur ein paar Autominuten entfernt. Mein Bruder hatte es wirklich super getroffen. Wir sind dann zum Wasser runter gefahren und Paul hat mir seine Heimat gezeigt. Den ganzen Morgen sind wir am Fluss entlang gelaufen und irgendwann wurden wir sehr müde.
Heikes Mann, also Pauls Herrchen, hatte für uns zu Hause einen leckeren Imbiss zubereitet. Nachdem wir gefressen und ein wenig ausgeruht waren, ging es weiter. Wir haben noch die verschiedenen Weiher besucht. Wenn niemand da ist, der sich an uns stört, können Hunde auch darin schwimmen. Ich glaube, ich habe den halben kleinen See ausgesoffen.
Auf jeden Fall pinkelte ich ganz viel. Zum Kaffeetrinken sind wir zurück in das Haus von Paul gefahren. Und da passierte dann das Malheur.
Ich musste wieder dringend pieseln und dafür suchte ich mir den Teppich im Wohnzimmer aus.
Da kam auch schon der Klassiker aus dem Mund vom Frauchen: »*Das hat er ja noch nie gemacht ...*«!
Ja, wie denn auch, wir haben daheim ja keinen Teppich!
Mir war das sehr peinlich, denn ich war ja schließlich kein kleiner Welpe mehr. Daheim setze ich mich vor die Terrassentür und dann geht es ab in den Garten, aber bei Paul wusste ich einfach nicht wohin.

Heike versicherte uns, dass wir trotzdem jederzeit wieder kommen dürften.

Ich beende die Hundeschule und wer hat Schuld ...? Das Frauchen!

Mein erster Sommer ging zu Ende und auch die Zeit in der Hundeschule war dank Frauchen vorbei. Sie hatte sich zweifach den Daumen gebrochen und war zwar zu allem bereit, aber zu nichts zu gebrauchen. Bevor ihr denkt, bestimmt ist sie wegen Maxx hingefallen - nein, diesmal war ich unschuldig, fast ...

Frau sollte nie den Daumen in den Ring der Leine stecken, stolpern, einen Hund erschrecken und dann auch noch hinfallen.

Doch genau so ist es passiert und ihr Gejammer war groß. Als der Finger immer dicker wurde, ging sie am nächsten Tag zum Arzt. Als sie zurückkam, war an ihrer Hand so ein hartes, stinkendes Teil dran. Sie machte voll einen auf schwer verletzt und unbeweglich. Wie Herrchen ihr »liebevoll« erklärte, war es schließlich kein Beinbruch und ihre zweite Hand wäre noch ganz. Sie fand es nicht sehr tröstend, aber der Alltag musste weitergehen.

Durch den Gips an ihrer rechten Hand war sie beim Gassi gehen, etwas eingeschränkt. Aber da ich ein lieber Maxx bin und im Freilauf gut höre, waren wir meistens ohne Leine unterwegs. An der Straße wurde ich dann angeleint und das funktionierte trotz Behinderung, recht gut.

Allerdings wäre sie an einem Tag beinahe verdurstet – sie bekam die Flasche nicht auf. Nachdem sie mir Wasser in den Napf gegossen hatte, stellte sie ihr Glas unter den Wasserhahn. Geht doch, was für den Maxx gut genug ist, reicht für Frauchen alle mal.

Das Einkaufen klappte genauso prima, schließlich gibt es dafür so schicke kleine Wägelchen.

Herrchen und ich warteten ungeduldig im Auto, bis sie endlich ihren Wocheneinkauf beendet hatte. Wie sie berichtete, gab es Schwierigkeiten beim Ein – und Auspacken der Ware an der Kasse.

Genervt stellte sie den vollen Einkaufswagen am Auto ab. Herrchen musste dann die verantwortungsvolle Aufgabe übernehmen und alles einladen. Die Schikane ging daheim genauso weiter und er musste die meisten Tüten nach oben in die Wohnung tragen. Wenigsten die Sachen für den Kühlschrank konnte sie mit einer Hand einräumen. Es dauerte zwar ewig, bis sie mit dem anschließenden Kochen fertig war, aber wir fanden »Frau« kann sich auch anstellen.
Zum Glück war sie drei Wochen später wieder so gut wie neu. Wenigstens meine sozialen Kontakte hatte sie in der für mich und Herrchen sehr anstrengenden Zeit nicht vernachlässigt.

Wie ist das eigentlich bei eurem Rudel?
Können die sich auch zehn Hundenamen aber keinen einzigen von den Menschen merken? Bei uns heißen die Leute Frau Alegra oder Herr Lennox? Dann gibt es noch Frau Sina und Herr Bolle und noch einige andere. Wie die Zweibeiner heißen, keine Ahnung. Welchen Beruf sie ausüben, Hundsegal. Wichtig ist den Hundemenschen doch nur, dass es ihren Lieblingen gut geht. Auch wenn ein Treffen angesagt ist, heißt es nicht, wir verabreden uns mit Karin oder Stefan. Die Menschen treffen sich dann mit Balus Herrchen oder einfach nur mit Alegra.
Voller Verwunderung hatte dann Frauchen nach einer langen Zeit bemerkt, dass sie nicht wusste, wie das andere Ende der Leine mit Nachnamen hieß. Was natürlich erst dann zum Problem wurde, als sie den Gassi-Termin telefonisch absagen wollte.
Was auch öfter passierte wenn sie auf dem Heimweg noch kurz einkaufen ging und sich als »Bürotussi« verkleidet hatte. Dann ging es los mit: »Hallo wir beide kennen uns doch irgendwoher«.
Danach wurde überlegt und irgendwann, wenn sie fast alle Möglichkeiten durch hatten, kam oft der Satz ... »Bist du nicht das Frauchen von Maxx«? Ich bin, das Herrchen von Arco.

Es ist ja auch kein Wunder, dass sie das nicht gleich blicken, wenn sie sich nur ab und zu begegnen. So ohne Hund, keine dreckigen Gummistiefel, dafür in sauberen Klamotten, da sehen die Menschen eben ganz anders aus. Was haben wir Hunde für ein Glück, denn wir sehen immer gleich aus. Lennox erkenne ich schon von weitem.
Er ist mein allerbester Hundekumpel von allen.

Auf dem Foto seht ihr mich mit Lennox.

Lennox ist eineinhalb Jahre älter als ich und muss sich sein Futter selber verdienen.
Er hat eine Ausbildung zum Besuchshund gemacht und darf jetzt in Altenheime gehen, um den alten Menschen eine Freude zu machen.
Das ist aber nichts für uns, meint mein Frauchen. Da wir beiden nicht die Geduldigsten sind, wären wir da total fehl am Platz.
Aber toll findet sie schon, was Lennox und sein Frauchen da machen.

Elke: Nachdem ihr Maxx ja schon kennt, ist es an der Zeit, dass ihr sein Herrchen Matthias und mich näher kennenlernt!

Ich habe, meinen ersten Mann durch Leukämie verloren und der einzige Halt in dieser schweren Zeit war mein Schäferhundmix Sam.

Nach eineinhalb Jahren war ich wieder bereit ein neues Leben und eine neue Beziehung zu beginnen. Aber es musste auf jeden Fall ein »Hundemensch« sein.
***Matthias** war Single, mit Hund - dem Premi.*
Er dachte sich, warum nicht eine Kontaktanzeige bei AOL schalten - mal schauen, wer sich da so meldet.

In der Anzeige stand: »FRAUCHEN GESUCHT« mit einem Bild von Premi. Ich sah das Foto, und dachte sein Hund, wäre ein Wurfgeschwister von meinem Sam. Dem war aber nicht so.
Matthias hatte Premi aus dem örtlichen Tierheim, außerdem war er eineinhalb Jahre älter als Sam.
Eigentlich wollte Matthias nur das übrig gebliebene Futter von seinem vorher verstorbenen Hund dort abgeben. Aber die Tierheimmitarbeiterin meinte, ob er sich nicht einmal bei den Tieren umsehen möchte.
So geschah es auch und in den folgenden Tagen besuchte er Premi immer wieder und bei ihren langen Spaziergängen lernten sich von Mal zu Mal besser kennen.
Schnell merkte er, dass genau dieser Hund zu ihm passte und Premi zeigte es ihm in der Zukunft durch sehr viel Dankbarkeit.

Wie er erfahren hatte, kam er mit einem Jahr aus schlechter Haltung ins Tierheim. Dort verbrachte er ein weiteres halbes Jahr. Bis das Schicksal es endlich gut

mit ihm meinte und er ein neues Herrchen bekam. Matthias lebte dann noch ein paar Jahre lang sein Singledasein, bevor er sich zu der Anzeige entschloss. Da auch ich mit Sam alleine war und wieder gerne neue Menschen und Hunde kennen lernen wollte, schrieb ich zurück.

Wir schrieben eine Weile, telefonierten auch, und dann trafen wir vier uns zum ersten Mal. Es war am Anfang sowohl mit uns, als auch mit unseren Hunden nicht leicht.

Vor allem Sam war sehr eifersüchtig auf Premi. Mit viel Geduld bekamen wir es aber hin und unsere Hunde wurden ein richtig gutes Team.

Vier Jahre durften sie noch gemeinsam verbringen. Nach Premis Tod hatten wir mit Sam noch weitere vier Jahre, bis auch er über die Regenbogenbrücke ging.

Als ständige Erinnerung an die beiden habe ich ein Tattoo auf dem Rücken.

Einen Hundekopf mit Stehohren und darunter stehen ihre Namen - Premi und Sam!

Es gibt zwei Geschichten von Sam, die mir noch sehr gut in Erinnerung sind. Ich hatte Besuch, der mir von meinem früheren Wohnort eine leckere Wursttüte mitgebracht hatte.

Darin war ein kleiner Ring Fleischwurst, ein Stück Krakauer sowie drei gekochte Schweinefüße für Sam. Wir hatten noch etwas zu erledigen, daher legte ich alles in einen Korb auf den Beifahrersitz. Wie es damals üblich war, saß Sam nicht angeschnallt auf dem Rücksitz.

Voller Vorfreude auf das Abendessen ging ich zurück zum Auto und da sah ich die Bescherung! Sam hatte die ganze Wurst gefressen, - die Schweinefüße dagegen hatte er für mich übrig gelassen!

In diesem Moment wusste ich nicht, ob ich lachen oder meinen Hund verschenken sollte.

Früher war es üblich, in den Hundeverein zu gehen. Der war zwar etwas weiter weg, aber was macht Frau nicht alles für ihren Hund. Am Anfang als ich noch

keinen Menschen dort kannte, hieß es jedes Mal von den anderen Tierfreunden:»Alle schnell auf die Terrasse, jetzt kommt wieder die Frau mit Sam, dem schwarzen Schäferhund-Mix«.
Ich war die Sensation des ganzen Vereins, wie ich von einem bellenden und ziehenden Sam über den Platz gezerrt wurde. Am Anfang war es alles andere als leicht, sich dort zu integrieren. Da es auch privat für mich nicht einfach war, wollte ich oft alles hinwerfen.
Damals fuhr ich jeden Tag zusätzlich, mittags nach der Arbeit, über 100 Kilometer in das Krankenhaus, um Sams Herrchen zu besuchen. Trotzdem ging ich noch drei Mal in der Woche auf den Hundeplatz.
Mittlerweile war ich vollständig in den Verein integriert. Nachdem mein Mann gestorben war, ging ich weiter mit Sam zum Trainieren dort hin. Auch, um wieder etwas Normalität in unser Leben zu bekommen.
Beim Schutzdiensttraining übersah ich ein Loch und knickte mit dem linken Fuß um. Die Hundefreunde kümmerten sich liebevoll um mich und Sam.
Die Diagnose im Krankenhaus lautete: Das Sprunggelenk dreifach gebrochen, Wadenbeinbruch und alle Bänder waren ab. Ich wurde sofort operiert und musste eine Woche in der Klinik bleiben.
Meine größte Sorge galt Sam. Zu meiner Beruhigung organisierten die Vereinsmenschen perfekt die Unterbringung von meinem Schatz.
Zu meiner Erleichterung machte er bei einem Hundekumpel Ferien auf dem Bauernhof. Als ich wieder daheim war, haben sich weitere Freunde um mich und Sam gekümmert.
Auch heute noch empfinde ich für diese liebevollen Hundemenschen große Dankbarkeit.
Wie so oft im Leben liegen Glück und tiefes Leid sehr dicht beieinander.
Zwei Monate bevor wir uns in Maxx verliebt haben, mussten wir Sam mit fast zwölf Jahren über die Regenbogenbrücke gehenlassen.
Aber jetzt genug von der Vergangenheit!

Ich bin sooo verliebt in Alegra!

Der Winter kam und Frau Holle schüttelte kräftig ihre Betten aus. Mit den Hundekumpels im Schnee toben – was war das für ein Spaß!

Wir hätten das noch stundenlang machen können, aber unseren Weicheifrauchen wurde es irgendwann zu kalt und wir mussten heim.

Maxx und Alegra ... sind wir nicht ein schönes Paar!

Auch Alegra war oft dabei und plötzlich sah ich sie nicht mehr als Kumpeline, sondern als Hündin. Was war nur los mit mir? Sie roch so lecker und mir wurde ganz anders, wenn mir ihr Duft von weitem in die Nase stieg. Sie ging jetzt auch mit ihrem Frauchen immer woanders Gassi.

Ich bemerkte, dass es nicht nur mir so erging – auch meine Rüdenkumpels fingen bei ihrem Anblick zu sabbern an. Ich war total durch den Wind und heulte die ganze Zeit wie ein Wolf, auch nachts. Ich konnte kaum schlafen und das Fressen schmeckte mir nicht mehr.

Ich hatte nur noch Sehnsucht nach Alegra. Langsam machte sich Elke Sorgen, dass ihr kleiner Fresshund zu dünn würde. Beim Gassi gehen musste ich an der Leine bleiben. Freilauf, ade!

Und das nur, weil Frauchen meinte, ich sei verliebt und damit unberechenbar. Kein Kissen war vor mir sicher und alles, was bei drei Leckerlis nicht weg war, wurde gerammelt. Die Türgriffe wurden umgebaut und gedreht, so dass ich die Türen nicht mehr öffnen konnte.

Noch heute sieht man die Kratzspuren meiner großen Verzweiflung.

Nach Rücksprache mit zwei Tierärzten stand der Entschluss meiner Menschen fest:

Die Eier mussten ab ...

So wurden mir, kurz vor Ostern und mit eineinhalb Jahren, die Kronjuwelen eines Rüden geraubt.

Herrchen und Frauchen blieben an meiner Seite, während ich immer schläfriger und furchtbar müde wurde und dann ... weiß ich nichts mehr. Die Tierärztin meinte, in zwei bis drei Stunden könnten sie mich wieder abholen.

Matthias und Elke gingen in der Nähe in einem Café frühstücken. Die angebotenen Eier lehnten sie aber dankend ab, denn das wäre dann doch eher unangebracht gewesen.

Eineinhalb Stunden später, bekamen sie einen Anruf von der Tierarzthelferin. Sie sollen doch bitte gleich kommen, Maxx wäre schon seeehr munter und würde die ganze Praxis nach seinen Hundeeltern zusammenschreien. Natürlich machten sie sich sofort auf den Weg. So dass zehn Minuten später wieder Ruhe in der Praxis einkehrte.

Der Raum, in dem ich untergebracht war, hatte für die Zwei eine sehr traurige Erinnerung, hier war ihr Sam gestorben. Aber ich ließ ihnen nicht viel Zeit, um traurig zu sein. Schließlich hatten sie sich um mich, ihren leidenden Maxx, zu kümmern. Die Tierärztin gab meinen Menschen Globuli und einen Trichter mit.

Seid ihr einmal mit so einem Teil herum gelaufen? Ich, jetzt schon, aber glücklicherweise nicht sehr lange, denn ich war brav und habe nicht an der Wunde geleckt. So entschieden sie, mich von diesem Ungetüm zu befreien.

Am Abend war ich fast wieder der Alte.

Nur mit einem kleinen Unterschied!

Wie sie nach einer Weile feststellen konnten, hatte ich kaum noch Lust irgendetwas zu besteigen.

Selbst Alegra war wieder eine normale Hundekumpeline geworden.

Ein neues Maxxmobil wird gekauft!

Frauchen hatte sich ein größeres Auto gekauft!
Ich fand es prima, da ich jetzt mehr sehen und dadurch das Geschehen auf der Straße umso besser kommentieren konnte.

Meine Menschen haben im Laufe der Jahre alles probiert, dass ich wieder der liebe Autofahrmaxx von früher würde - bisher leider vergeblich.
Jetzt fragt ihr euch bestimmt, warum ich sooo kommunikativ beim Autofahren bin?
Das wüssten die Zweibeiner allerdings auch sehr gerne.
Da Frauchens und Herrchens hündisch nicht perfekt war, versuchten sie es mit Tierkommunikation bei einer Fachfrau. Die erklärte ihnen dann, Maxx freue sich immer so sehr, wenn beide Menschen dabei wären und deswegen könnte er nicht die Klappe halten.
Na prima!
Man arbeitete nun mit einem Trick: Sobald ich beim Fahren bellte, wurde das Auto angehalten.
Ich verstand sofort, was Mensch von mir wollte und setzte dies gleich um:

Auto steht - Maxx hält die Klappe.
Der Diesel röhrt - Maxx bellt.

Das war ja einfach.
Das Ganze wurde über Wochen mit einer nicht zu überbietenden Hartnäckigkeit durchgeführt.
Langsam wurde es lästig, denn ich ging ja nicht nur zum Zeitunglesen Gassi.
Manchmal hatte ich es auch verdammt eilig und da war es total nervig mit ihnen. Ich bin hundsgedrungen einen Kompromiss eingegangen, auf der Rückfahrt hielt ich die Klappe.

Nachdem ich so brav geworden war, fing Frauchen an zu bellen. Ihre Ausrede - ich habe Husten und darf das. Unterbrochen wurde das Ganze nur, wenn sie wie ein Elefant trötete und dabei heftig mit dem Kopf zappelte.

Das sah genauso aus wie bei meinem Hundekumpel Fridolin im Auto.

Die haben hinten einen Wackeldackel sitzen und der benimmt sich auch so komisch. Aber im Gegensatz zu Frauchen gibt das Stofftier keine Geräusche von sich. Ihr seht, so ein Hundeleben ist verdammt ungerecht. *Sie* darf es und bei *mir* wird gemotzt.

Deshalb bin ich oft etwas ratlos. Ich bin ja Maxx, ein Rüde von Welt und kenne die Bellsprache aller Hunde.

Wir haben es ja im Gegensatz zu euch Menschen da bedeutend leichter. Einmal dem anderen zugehört, am Hintern geschnuppert und wir wissen Bescheid.

Ok, dass mit dem Hinterteil solltet ihr vielleicht nicht machen – sonst könnte es eventuell Ärger geben.

Versteht mich richtig wenn ihr euch so unklar wie mein Frauchen ausdrückt dann sind Missverständnisse geradezu vorprogrammiert.

Ich habe ihr ständig aufmerksam zugehört und sie angestarrt, um ihre Körpersprache zu verstehen.

Hat aber nix genützt.

Nachdem wir einen nervigen Spaziergang bei Regen gemacht hatten, ging es zu meiner Erleichterung endlich nach Hause.

Daheim inhalierte ich das wenige Trockenfutter, das in dem unpraktischen Antischlingnapf herumlag. Von irgendetwas muss Hund ja leben. *Sie* dagegen gönnte sich eine leckere Maultaschensuppe.

Das Allheilmittel bei einer Erkältung – sagt sie.

Ich war zwar nicht krank, aber Hunger auf etwas Gutes habe ich immer. Die Suppe war fertig und ich war mehr als bereit.

Natürlich kenne ich die lästigen Regeln, wie die, das zuerst die Menschen alles in sich reinfuttern.
Wenn sie dann endlich satt sind, bekommt der bis dahin vernachlässigte und halb verhungerte Hund noch einen mickrigen Brocken zugeworfen.
Diesmal war es anders – *Sie* stellte die fertige Suppe auf den Tisch. Als sie gerade anfangen wollte zu essen, klingelte es an der Wohnungstür.
Die Gelegenheit war günstig und ich dachte: Die Arme ist ja krank, da probiere ich doch mal, ob es schmeckt. Da ich ein großer Maxx bin, komme ich auch prima an den Tisch ran.
Ein wenig strecken und schon hing ich über dem Teller und fing an zu schlabbern. Da meine Tischmanieren nicht die Besten sind, hörte mich Frauchen, als sie unerwartet wieder zur Tür reinkam.
Ihre Antwort konnte ich durch ihr ständiges Bellen und ihre krächzende Stimme nicht richtig verstehen.
Es sollte wohl »Maxx Pfui«, sowie »Das ist meins« heißen. Allerdings war diesmal ihre Körpersprache mehr als deutlich.
Ich nahm mir noch schnell eine von den köstlichen Maultaschen – Verdammt war dieses blöde Teil heiß.
Die Frau hatte eindeutig ihre Sorgfaltspflicht verletzt, denn ich armer Kerl hatte mir die Schnauze verbrannt.
Nachdem ich die ganze Wasserschüssel ausgeschlabbert hatte, ging es wieder.

Die Geschichte zur Erfindung der Maultasche möchte ich euch trotzdem nicht vorenthalten!

Quelle:
http://www.kloster-maulbronn.de/wissenswert-amuesant/anekdoten/

Um ein wertvolles Stück Fleisch in der Fastenzeit nicht verderben zu lassen, versteckte es der findige

Maulbronner Laienmönch Jakob in Teigtaschen. Es war gegen Ende der Fastenzeit, als der Laienbruder Jakob auf dem Heimweg vom Reisig sammeln unverhofft in den Besitz eines schönen Stücks Fleisch gelangte: Ein flüchtender Dieb hatte seinen Sack mit Beute fallen lassen, Jakob direkt vor die Füße.

Zurück im Kloster entdeckte er den schmackhaften Inhalt.

Während der Fastenzeit war es den Mönchen verboten, Fleisch zu essen, doch Jakob brachte es nicht übers Herz, den wertvollen Fund wegzuwerfen. Nachdem er mehrere Tage gegrübelt hatte, kam ihm beim Zubereiten des Gründonnerstagsmahles die rettende Idee: Er hackte das Fleisch klein und mischte es unter das Gemüse.

Weil ihn dennoch das schlechte Gewissen plagte, versteckte er das Ganze in kleinen Taschen aus Nudelteig. So konnte er das Fleisch vor den Augen Gottes und seiner Mitbrüder verbergen und servierte das herzhafte Mahl als Fastenspeise.

Dass ich immer wieder neue Einfälle zur Nahrungsbeschaffung habe, wundert euch vielleicht - aber lest einfach weiter.

Frauchen dachte, es gibt so viele gut erzogene Hunde, die in einem Biergarten brav unter dem Tisch liegen. Das wollte sie mit mir auch üben und ging deshalb mit ihrer Freundin in eine solche Gaststätte.

Wir suchten uns ein ruhiges Plätzchen aus und ich musste mich *neben* einen wackeligen kleinen Gartentisch aus Aluminium legen.

Elke war so mit Reden beschäftigt, dass sie nicht bemerkte wie ich mich *unter* den niederen Tisch legte. Jetzt hatte ich endlich freie Sicht und konnte alles beobachten.

Als die Bedienung in unsere Richtung kam, um einem anderen Gast das Essen zubringen, lief mir schon der Sabber am Fell herunter.

Einer ungeschickten Bewegung und der Bedienung sei Dank, fiel die Wurst vom Teller und ich witterte meine Chance. Doch zu meinem Bedauern war das leckere Teil aber leider drei Meter von uns entfernt. Also bewegte ich unauffällig die 35 Kilo und mittlerweile 67 cm Schulterhöhe meines durchtrainierten Körpers und stand auf!
Zu allem Unglück war der runde Tisch zu nieder und ich nahm ihn mit in Richtung der gefallenen Wurst. Da auf unserem Tisch noch nichts stand, blieb meine Aktion zunächst noch unbemerkt.
Ja, und jetzt kam wieder Frauchen ins Spiel und »unauffällig« war gestern.
Da sie die Leine um ihre Hand geschlungen hatte und das ganze Ding nur zwei Meter lang war, kam ich nicht an die Wurst ran!
Also musste Frauchen nach einem kräftigen Zug an ihrem Handgelenk meiner Aufforderung Folge leisten. Die anderen Besucher sahen vorne einen schwarzen Kopf sowie meine Pfoten, auf dem Rücken einen Tisch. Ich sah aus wie eine große Schildkröte, die eine Frau an der Leine hinter sich her zog.
Schon ihr leicht dämlicher Gesichtsausdruck musste für die Leute komisch ausgesehen haben. Man sieht schließlich nicht jeden Tag eine Frau, die einen runden Tisch an der Leine hat. Und wenn dieser sich dann auch noch zielstrebig in Richtung einer Wurst bewegt, kennt das Staunen keine Grenzen!
Langsam arbeitete ich mich trotz des massiven Widerstandes zum Objekt meiner Begierde vor.
Nachdem ich die Wurst erreicht hatte, machte ich wieder Platz und der Tisch stand wie vorher. Allerdings drei Meter weiter vorne. Frauchens Freundin holte die zwei Stühle und beide setzen sich. Fast hätte niemand etwas bemerkt – fast, wenn Elke und ihre Freundin nicht vor lauter Lachen so laut gekreischt hätten.

Aber mit ihr falle ich eben überall auf. Da kann Hund noch so brav sein.

Ich fahre zum ersten Mal in den Urlaub!

Wieder waren ein paar Wochen vergangen und ich hörte mehrmals täglich das Wort »Urlaub«. Jetzt weiß ich, was das bedeutet, aber beim ersten Mal war ich doch etwas verwirrt.
Wenn im Kleiderschrank fast nichts mehr drin ist und alles in große Taschen verpackt ist, der Hunderucksack gepackt wird und Herrchen seine Fotoausrüstung im Wohnzimmer stapelt ... dann ist Urlaub angesagt. Das Maxxmobil wurde beladen und ich wurde in das Autogeschirr gezwängt und angeschnallt. Auf der Autobahn bin ich übrigens ein Supermitfahrmaxx.
Das ist ja auch total laaaaangweilig und ich penne die meiste Zeit. Nachdem ich meinen Schönheitsschlaf beendet hatte, fuhren wir gerade von der Autobahn ab. Nun hatte ich auf der Landstraße wieder Gelegenheit, mit den Menschen zu kommunizieren. Was sie natürlich sehr freute und mit einem »Maxx – Schnauze« kommentierten. Endlich waren wir da und hielten vor einem großen Haus.
Heraus kam Frau Weber, die Eigentümerin der Ferienwohnungen. Sie begrüßte meine Menschen gleich herzlich und wünschte ihnen einen schönen Urlaub im bayerischen Wald. Ich hingegen wurde von einem fauchenden Etwas »Willkommen« geheißen, das sich später als die Hauskatze Berta herausstellte. Das konnte ja heiter werden, zu meiner großen Erleichterung hörte ich hinter der Eingangstür ein freudiges Bellen.
Nachdem die Zweibeiner ihren halben Hausstand ausgeladen hatten, durfte auch ich endlich das Maxxmobil verlassen. Die Wohnung hat mir gleich gefallen. Vor allem die Leckerlis, die auf mich warteten. Wir gingen raus auf die Terrasse, Frauchen öffnete ein Tor und schon waren wir im Garten.
Was roch und sah ich da?
Ein wunderschöner Labbimix kam aus dem Haus direkt auf mich zu gelaufen.

Maxx, der Schwabe und Sky, der Bayer.

Ich merkte sofort, dass er nicht nur ähnlich aussah wie ich, sondern dass er auch ein sehr freundlicher Hund war.
Wir beschnupperten uns kurz in bester Hundemanier unsere Allerwertesten und das war der Beginn einer wunderbaren bayerisch-schwäbischen Freundschaft. Wir Hunde machen es euch Menschen doch jeden Tag vor, wie einfach Freundschaft sein kann. Egal, in welcher Sprache wir bellen, durch unsere eindeutige Körpersprache erkennen wir sofort, was der andere von uns möchte. Wir sehen gleich, ob es ein Freund oder aber ein Feind ist.
Uns ist es einerlei, was für eine Fellfarbe er hat, ob er groß oder klein ist. Und so sehen wir auch euch Menschen, es ist uns gleichgültig, ob ihr schwarz wie ein Maxx seid, oder weiß wie der Lennox.
Aber ich hundle schon wieder vom Thema ab und philosophiere über Hund und die Welt.
Sky wurde sofort zu meinem neuen besten Hundekumpel. Jeden Morgen haben wir unser anstrengendes Fitnessprogramm durchgezogen.

Danach noch ein gesundes Frühstück und der Tag konnte beginnen. Von der Ferienwohnung aus kann man die Berge sehen. Herrchen war begeistert und wollte den Osser erklimmen - Frauchen nicht. Es führen zahlreiche Wanderwege dorthin und sie einigten sich darauf, bis zu einem Parkplatz zu fahren und von dort durch den Wald zu wandern. Es ging sehr steil bergauf und ich wurde mehrfach von Frauchen mit einem Schlepplift verwechselt.

Nach einer Stunde hatten wir die Osserwiese erreicht. Von da aus wollten wir weiter, auf den kleinen Berg der 1.266m hoch ist, laufen. Er war von der Wiese aus in dreißig Minuten zu erreichen. Nach zwanzig Minuten soll man dann beim großen Osser mit seinen 1.293m ankommen.

Herrchen sah aber schnell ein, dass er mit einer fußlahmen Elke sowie einem übereifrigen Maxx, den Gipfel nicht erklimmen konnte. Der Weg war sehr eng und immer wieder begegneten wir anderen Wanderern.

Ein Hundebesitzer mit einem kleinen Dackel kam auf der Wiese an uns vorbei. Er hatte uns zu Frauchens Erleichterung total davon abgeraten weiter zu gehen. Mit einem Blick auf mich meinte er, es sei bestimmt schwierig, den großen Hund an engen Stellen zu tragen. Da habe er es mit seinem »Wastl« schon einfacher.

Also begaben wir uns auf den Rückweg zum Auto.

Das nächste Ziel war der Drachensee, wo ich tschechische Hunde getroffen habe. Wir verstanden uns auf Anhieb und gingen eine Runde schwimmen. Eine italienische Schönheit schloss sich uns an und so plantschten wir alle zusammen fröhlich im Wasser.

Die Menschen unterhielten sich auf Englisch und mit Händen und Füßen unterhalten.

Da haben wir Hunde es doch einfach: Wir bellen alle in der gleichen Sprache und die ist international.

Ein bayrischer See ist natürlich nicht genug und so besuchten wir auch noch den Kleinen und den Großen

Arbersee. Dank Herrchen waren wir schon sehr früh dort und konnten die Landschaft und den See ungestört genießen. Wenn man zu spät aufsteht, kommen am kleinen Arbersee ganz viele Menschen mit einer Bimmelbahn vom Tal nach oben, angefahren.

Böse Zungen sprechen auch vom »Mumienexpress«.

Das tollste Erlebnis in unserem Urlaub, hatten wir im Nationalparkzentrum Falkenstein im bayerischen Wald. Da er ganzjährig geöffnet ist, kann man mit seinem Rudel immer hingehen. Und anders als in den meisten Wildparks ist der Eintritt kostenlos. Der Park ist ein riesengroßes Gassigebiet!

Bei den Wölfen gefiel es mir am besten. Auf einem überdachten Steg, unter dem die Tiere durchlaufen können, suchten wir einen ruhigen Platz. Herrchen packte die Kameras aus und wir warteten geduldig auf meine Vorfahren. Immer wieder kamen Menschen über den Steg gelaufen, sie schauten nach links und dann nach rechts und murmelten vor sich hin: »Da sind ja gar keine Wölfe drin« - Und weg waren sie.

Nach einer halben Stunde war es soweit, ein Wolfsrudel zeigte sich und Herrchen zückte die Kamera, er war bereit. Frauchen betete noch kurz zum Hundegott: »Bitte, lieber Hundegott, mein Maxx soll die Klappe halten und nicht mit den Wölfen kommunizieren«.

Ihre Sorge war verständlich, aber dennoch völlig unbegründet. So nah und so viele, da verschlug es mir doch glatt die Schnauze. Keine fünf Meter von mir entfernt schaute mich so ein wunderschönes Tier an. Es war total schön und ich muss euch Menschen mal bellen - für sooo ein tolles Erlebnis braucht man eben Geduld.

Weil ich, der sonst so vorlaute Maxx, so ein ruhiger Wolfsversteher war, gab es von Frauchen zur Belohnung eine dicke Wurst. Auch die anderen Fotografen, die auf der Brücke standen, haben mich sehr gelobt. Mein Herrchen war so stolz auf seinen Maxx.

Auf dem Foto seht ihr: Es gibt die Wölfe dort wirklich.

Die tollen Fotos macht übrigens unser Hausfotograf Matthias Maxx.
Jetzt denkt ihr bestimmt, meine Menschen sind reich, wenn die sich einen eigenen Fotografen leisten

können. Neee, stimmt nicht, das ist doch mein Herrchen. Und weil wir das Gegenteil von reich sind, schreibe ich mir hier die Pfoten wund.

Wir haben ganz oft in Bayern bei Sky Urlaub gemacht. Es war immer wie nach Hause kommen. Dort gibt es einen tollen Garten, wo wir uns nach Hundeherzenslust austoben und Spaß haben konnten. Frauchen machte es sich mit ihrem Kindle gemütlich und lag faul in der Sonne herum. Aber natürlich sind wir auch gewandert, den ihr Motto lautet: »Jeder Schritt macht schlank«. - Manchmal ...

Ein Ausflug führte uns auf den 1.333m hohen Berg Zwercheck. Auf dem Gipfel verläuft die Grenze zwischen Bayern in Deutschland und Böhmen in Tschechien. Es war ein langer beschwerlicher Aufstieg, auf dem ich Frauchen mehr oder weniger erfolgreich hinter mir herzog. Herrchen lief zügig voran, obwohl er mit der Kameraausrüstung voll bepackt war. Nachdem wir nach einer gefühlten Ewigkeit auf dem Gipfel angekommen waren, machten wir erst mal eine zünftige Brotzeit gemacht. Ein anderer Wanderer wollte seinen Proviant mit mir teilen, was aber zu meinem größten Bedauern von Frauchen abgelehnt wurde. Sie meinte, ich würde dann die ganze Zeit nur betteln – So ein Blödsinn, ich doch nicht.

Matthias machte noch ein paar tolle Bilder und Elke genoss die Stille um sich herum. Auf dem Rückweg sind wir auf einem felsigen Wanderweg entlang gelaufen.

Plötzlich verspürte ich einen seeeehr kräftigen Leinenruck, so dass ich das Gefühl hatte durch die Luft zu fliegen. Herrchen hatte keine dreißig Zentimeter von mir entfernt eine Kreuzotter entdeckt. Sofort übergab er die Leine an mein total erschrockenes Frauchen und sagte leise zu ihr, sie solle sich langsam mit mir entfernen. Er packte seine Kamera aus und machte ein Beweisfoto.

Es wäre nicht auszudenken gewesen, wenn die Schlange zugebissen hätte. Wir befanden uns ja noch

auf dem Gipfel des Berges. Sie hätten mich niemals mit meinen fünfunddreißig Kilos, schnell genug den Berg hinunter tragen können. Der nächste befestigte Weg war über eine Stunde entfernt. Die einzige Möglichkeit wäre gewesen, die Bergwacht zu rufen und mich mit dem Hubschrauber ins Tal zu bringen.
Herrchen war unser Held!
Auch im Nationalpark Lusen bei Neuschönau haben wir, einen erlebnisreichen Urlaubstag verbracht. Auf einem Schild stand Folgendes: Auf einer Fläche von rund 250 Hektar wurden hier sechzehn Großgehege und Volieren errichtet. Darin leben Wölfe, Braunbären, Luchse, Wildschweine und noch einige mehr. In den Vogelvolieren geht es mit Uhu, Kauz, Kolkrabe und vielen anderen Mitbewohnern recht lebhaft zu. Frauchen las dann weiter laut vor: In begehbaren Freigehegen sind Hunde nicht erlaubt. Es wird aber immer ein Umgehungsweg angeboten.
Jetzt wusste ich Bescheid - und ganz ehrlich, bei den Wildschweinen hätte ich schon ein wenig Schiss, wenn ich bei denen so nahe vorbei laufen müsste.
Auf jeden Fall ist es ein super Gassigebiet und man kann immer wieder andere Tiere beobachten. Weiter ging der Rundweg und ich konnte die mächtigen Bären bewundern. Herrchen packte die Videokamera aus und begann sie zu filmen. Frauchen und ich waren etwa fünfzig Meter von ihm entfernt und hatten es uns vor der Absperrung bequem gemacht.
Wie es sich für einen guterzogenen Maxx gehört, saß ich brav neben ihr, als plötzlich der Bär auf seine Hinterbeine ging, er sich über sein großes Maul schleckte und mir direkt in die Augen schaute. - Leute das war voll gruselig, denn allem Anschein nach stand für das dumme Riesenfellpaket Hund auf der Speisekarte.
Herrchen wollte es uns zuerst nicht glauben, aber der Beweis war auf der Kamera drauf.
Auf dem Rückweg sind wir dann noch am Einstiegsturm für den 1300 Meter langen

Baumwipfelpfad vorbei gekommen. Am Ende des Pfades können die Menschen auf einen 44 Meter hohen Baumturm hinaufsteigen und erleben dadurch eine ganz andere Perspektive des Waldes.
https://www.baumwipfelpfad.bayern/bayerischer-wald/
Für die Besucher freute mich das ja alles, aber eine Sache ging gar nicht. Nämlich - Da auf dem Baumwipfelpfad keine Hunde erlaubt sind, stehen Warteboxen zu unserer Verfügung. Ganz ehrlich wer macht sowas mit seinen tierischen Lieblingen?
So etwas kommt für meine Menschen auf keinen Fall in Frage. Denn sie wissen genau mit Maxxi - Schatzi hätten sie dabei nicht viel Spaß. Ich würde den ganzen Park zusammen schreien und versuchen, mich aus der Holzbox zu befreien. Und glaubt mir, durch die Luftlöcher könnte man mich sehr weit hören. Etwa zehn Minuten später würde in den sozialen Netzwerken stehen: »Ein großer schwarzer Hund wurde von seinen verantwortungslosen Besitzern in eine viel zu enge Holzkiste eingesperrt«.
Nach weiteren fünfzehn Minuten wäre ein Reporter der Blödzeitung anwesend und würde schreiben: »Hund war stundenlang in eine enge Holzbox gesperrt. Während sich seine herzlosen Besitzer einen schönen Tag machten«
Aber zum Glück passiert bei uns so etwas nicht. Wir sind dann zum Auto zurück, weil ich ein schlaues Herrchen habe, stand es jetzt im Schatten.
Ich hüpfte in den Kofferraum und Frauchen setzte sich zu mir rein. Der Proviant wurde ausgepackt und wir futterten um die Wette. Obwohl Elke auch sehr verfressen ist, wurde sie nur Zweiter.
Matthias schaute sich in Ruhe den Turm an und machte Bilder.
Auf dem Rückweg zur Ferienwohnung habe ich mir dann meinen Schönheitsschlaf gegönnt.
Schließlich wird Hund ja nicht jeden Tag von einem Bären als Vorspeise gesehen.

Der Schlendrian zieht bei mir ein!

Mittlerweile war ich zweieinhalb Jahre alt und Frauchen meinte, feststellen zu müssen, dass in meiner Erziehung der Schlendrian Einzug gehalten habe.
Um es mal deutlich zu bellen - SIE hatte ein Problem.
Oder wie würdet ihr das sehen, wenn eure Menschen total unsicher durch die Gegend laufen und hektisch werden, sobald sie einen Hund erblicken.
Das ist doch für uns eine klare Kampfansage.
Ihrer Ansicht nach, ist es für niemanden lustig, wenn ein großer schwarzer Hund ... nämlich ich, an der Leine hängt und einen auf Rambo macht.
Die Schnauze endgültig voll hatte sie, als ich meinem Erzfeind deutlich bellte, dass er sich hier in unsere Straße befände und er sich gefälligst aus dem Staub machen solle.
Als die doofe »Chefin«, von dem blöden Hund dann auch noch stehen blieb und Elke böse angrinste, verbesserte ihren Frust nicht wirklich.
Jetzt war es öffentlich: Ich war ein Leinenpöbler und mein Frauchen unfähig, das ohne Hilfe in den Griff zu bekommen.
Sie zögerte nicht lange und wir hatten in einer neuen Hundeschule schnell einen Termin.
Von Frauchens Hektik war ich sowieso schon genervt, als mich beim Aussteigen des Autos auch noch ein undefinierbares Tier blöd anmachte.
Da war dann endgültig Schluss mit lustig.
Es hatte kein Fell und kläffte mich dafür auf dem Arm seiner genauso eigenartigen Besitzerin an.
Die schimpfte in einer fremden Sprache und stöckelte mit ihrem, wie sich später herausstellte, »Nackthund« davon.
Nachdem ich mich wieder beruhigt hatte, gingen wir zu einer Frau, die sich als die neue Trainerin Tina vorstellte.
Nach diesem kleinen Zwischenfall - war leugnen zwecklos.

Oh je, dabei hatte sich Elke so viel auf meine Ausbildung eingebildet und nun das.

Da half nur noch Einzeltraining. Wir trafen uns mit Tina und einem Trainingshund im Park.

Aus der Entfernung und im Bogen laufen, klappte schon prima. Die Trainerin wich mir nicht von den Pfoten und Frauchen zeigte sich als lernfähig.

In den nächsten Wochen funktionierte es immer besser und die Komparsenhunde waren mal sooo groß wie ich oder so kleine Hunde wie ein Pudel.

Für Abwechslung war ständig gesorgt. Tina meinte, es sei an der Zeit für das Abschlusstraining.

Wieder einmal trainierten wir im Park.

Mein Frauchen war jetzt viel sicherer geworden und das merkte ich auch. Wir liefen also zu dritt total entspannt durch die Gegend, als plötzlich ein Hund auftauchte, den ich nicht kannte.

Für Maxx, den ehemaligen Leinenrambo, war das überhaupt kein Problem ... ich war so klasse.

Elke bekam das dämliche Grinsen nicht mehr aus ihrem Gesicht.

Deshalb übersah sie die Katze, die plötzlich aus dem Gebüsch sprang.

Da *Sie* es versäumt hatte, Antikatzentraining mit mir zu üben, schaltete ich spontan meinen Vierpfoten-Allradantrieb ein. Aber wie so oft im Leben, hing Frauchen auch diesmal am anderen Ende der Leine.

Obwohl, wenn ich es euch genau belle, hatte sie in diesem Moment eher eine stabile Seitenlage angenommen.

Trotz allem kamen dennoch lustige, wenn auch nicht ganz jugendfreie Worte aus ihrem Mund.

Dank unseres jahrelangen Trainings hatte sie aber alles unbeschadet überstanden.

Hund sei Dank ist sie nicht nachtragend und was sehr wichtig ist, sie sucht die Fehler zuerst bei sich.

Nachdem die Menschenmenge sich aufgelöst hatte und Elke wieder eine aufrechte Haltung angenommen hatte, ging es weiter. Tina war trotz dem kleinen Zwischenfall mit meiner Leistung sehr zufrieden.

Fazit: Das Problem ist meistens am anderen Ende der Leine zu finden.

Und bei uns heißt das: Frauchen.

Donnerstags war immer Gassi-Treff in der Hundeschule und da ich jetzt wieder ein lieber Maxx war, fuhren wir hin. Es war ein eingezäuntes Gelände, wo sich die Menschen und ihre tierischen Lieblinge erst einmal beschnuppern konnten.

Nachdem wir das ausgiebig getan hatten, ging es weiter auf einen angrenzenden Feldweg.

Unterwegs haben meine neuen Hundekumpels und ich, verschiedene Übungen gemacht. Ich strengte mich total an denn, ihr müsst wissen, es waren ein paar heiße Mädels dabei. Eine davon, Lotte war fast so groß wie ich. Sie hob wie ein Rüde das Bein und forderte mich auf, ausgiebig an ihr zu riechen.

Ihr Frauchen meinte, sie sei eine »Schlampe«, die würde das bei allen Kerlen so machen. Muffin, einen Podenco-Mix und Caesar, einen Rehpinscher-Mix aus dem Tierschutz lernte ich auch kennen. Am Anfang hatte ihr Frauchen noch Angst um Caesar, weil dieser ziemlich frech zu mir war.

Da ich schon gefressen hatte, war ihre Sorge unbegründet. Haaaallo? Späßchen gemacht – ich fresse doch keine Hunde. Sie sollte bald merken, dass ich zwar groß und schwarzfellig bin, aber dank des Trainings mit Tina total lieb war. Wir trafen uns jede Woche und alle waren mit viel Freude dabei.

Einmal machten wir bei perfektem Wetter eine tolle Wanderung auf die Burgruine Weibertreu in Weinsberg. Es ging steil bergauf und ich zog Frauchen zügig den Berg hinauf. Am Ende meiner Kräfte hatten wir unser Ziel endlich erreicht - Hund sei Dank, wir waren oben. Von diesen Strapazen musste ich mich erst einmal erholen und legte mich in den Schatten.

Geht ihr euer Frauchen mitsamt dem Rucksack den Berg hinauf, dann wisst ihr, von was ich belle. Ich habe immer noch die Hoffnung, dass wir beim nächsten Mal einen anderen Esel finden, der SIE nach oben zieht. Aber ich will mich ja nicht beklagen, mein Hundekumpel Fridolin, hatte es auch nicht leicht mit seinem Herrchen.

Der blieb ständig stehen und bewunderte die Landschaft. Was wiederum aufgrund der Sturheit seines Hundes immer wieder unterbunden wurde. Er ist nämlich ein richtiger Dackel - nicht dass Herrchen, Fridolin natürlich.

Von der Burg aus hat man einen herrlichen Blick über das Weinsberger Tal. Aber der war mir im Moment, sowas von hundsegal – ich musste erst wieder zu Kräften kommen. Und das hieß Fressen bis der Labbibauch spannt.

Das Tolle an der Bergbesteigung war, dass jeder der Menschen etwas zum Fressen mitgebracht hatte. Alle

Zwei-und Vierbeiner picknickten gemeinsam. Das war ganz nach meinem Geschmack und da ich den – »Ich armer Maxx habe so einen Hunger - Blick« perfekt draufhabe, war ich seit langem mal wieder richtig satt.

Jetzt auf das Sofa und ein Mittagsschläfchen halten, meine Hundewelt wäre vollkommen in Ordnung.

Das musste aber noch eine Weile warten, denn bis zum Auto waren es noch ein paar Kilometer.

Über die Burg gibt es eine kleine Geschichte zu erzählen.
https://de.wikipedia.org/wiki/Burgruine_Weibertreu

Ihr habt ja vielleicht schon von den *»Treuen Weibern von Weinsberg«* gehört. Frauchen wollte mit ihrem Wissen angeben, deshalb hatte sie sich vorher daheim schlaugemacht.

Sie fragte Wikipedia und erzählte den anderen Hundebesitzern, was SIE alles darüber wusste.

Es war einmal im Weinsberger Tal eine Burg mit festen Mauern drum herum. Im Jahr 1140 war König Konrad III. an der Macht. Er belagerte wochenlang mit seinem starken Heer die Burg. Als den Bewohnern ihre Nahrung ausging, mussten sie sich ergeben. Der König versprach den Frauen freien Abzug und jede durfte das für sie Wertvollste mitnehmen, was sie auf ihren Schultern tragen konnten.

Auf die Männer aber wartete der sichere Tod. Die treuen Weiber nahmen dann den König beim Wort und trugen auf ihrem Rücken ... ihre Männer sicher ins Tal.

Da der König den Frauen sein Ehrenwort gegeben hatte, schenkte er allen die Freiheit.

Da müsste Frauchen ganz schön schnaufen, wenn sie mich und Herrchen da heruntergetragen hätte.

Ich werde Mantrailer und finde »entlaufene« Menschen!

In der Hundeschule wurde auch Mantrailing – angeboten. Dabei muss Hund vermisste Zweibeiner finden. Frauchen war sofort begeistert also legten wir gleich los.
Wir begannen im Wald. Da die Spuren der Menschen dort leichter haften bleiben als am Asphalt, ist es, einfacher sie dort zu finden. War das aufregend, ich musste an einem in einer Plastiktüte verpackten Geruchsgegenstand schnüffeln.
Der nach der vermissten Person roch.
Nur ich alleine hatte dieses Privileg. Ich nahm eine Nase voll, speicherte den Duft ab und losging es!
Dann ging es aber so was von los.
Ich war an der Schleppleine, und Frauchen, was soll ich euch bellen ... SIE flog hinter mir her.
Es war noch etwas ungewohnt für sie die Führung abzugeben.
Ausserdem kämpfte sie am Anfang noch mit der fünfzehn Meter langen Leine. Sie wurde mehrfach von der Trainerin darauf hingewiesen mir mehr Freiraum zu geben.
Nach einiger Zeit hatte sie begriffen, wie der Hase läuft - ääh wie es beim Trailen von sich geht.

Dabei hatte ich einmal das »Vergnügen« mit einer Pilzsucherin. Da meine Menschen vorher nicht wissen, wen ich suchen muss, kann es auch mal zu kurzzeitigen Verwechslungen kommen.
Ich also los und quer durch den Wald. Maxx das Adlerauge – nämlich ich, sah wie eine Frau, hinter einem Baum verschwand.
Aufgrund der langen Schleppleine hatte ich ich Elke gegenüber einen kleinen Vorsprung.
Ich erreichte die »Vermisste Person« schon vor ihr und sabberte schon voller Vorfreude auf meine Belohnung.

Leider war die Freude sehr einseitig und die Pilzfrau schrie mich an. Verschwinde du »Drecksköter« oder ich mache Hackfleisch aus dir.

Ich stand wedelnd vor ihr, verstand aber weder ihre Körperhaltung noch den aggressiven Tonfall. Fragend schaute ich Frauchen an und setzte mich unschlüssig neben sie.

Elke zügelte gerade ihre Wut über diese unverschämte Person und versuchte ihr den Sinn des Man - Trailen zu erklären.

Als sie ihr sagte, sie müsse sich das so vorstellen, wenn sie sich verlaufen hätte, könnten wir sie suchen. Maxx würde nur an einem von ihr getragenen Wäschestück, z.B. Unterwäsche riechen, schon könnte er ihre Spur aufnehmen.

Das regte die Frau aber noch mehr auf und sie drohte uns mit einer Anzeige. Da sie mich dann weiter als »Drecksköter« bezeichnete, platzte Frauchen endgültig der Kragen.

Keiner beleidigt ihren Maxx, da kann sie sehr unangenehm werden. Sie wünschte der Frau einen schönen Tag und riet ihr, sich nicht auf ihre Zunge zu beißen - Sie könnte sich sonst daran vergiften!

Ich schnupperte noch einmal an meinem Geruchsgegenstand und kurze Zeit später hatte ich die richtige Person gefunden. Nach ein paar Wochen Training trainierten wir wegen den unterschiedlichen Bodenverhältnissen auch auf der Straße.

Damit ihr versteht, wovon ich belle, bekommt ihr einen persönlichen Tatsachenbericht über meine »Arbeit.«

Mantrailing mit Maxx:

Eine Frau hatte sich im Wald verirrt und ich wurde zum Einsatzort gerufen.
Mir wurde ein Plastikbeutel mit einem getragenen Kleidungsstück der vermissten Person unter die Nase gehalten.
Dann ging es allerdings für meinen Geschmack etwas zu langsam auf die Suche! Ich hatte wieder Frauchen an der Schleppleine und bellen wir es mal höflich - Sie ist nicht gerade die Schnellste.
Beim Trailen dürfen ja die Hunde die Richtung und das Tempo vorgeben und das Tollste ist, die Menschen müssen sich auf uns Vierbeiner verlassen.
Die vermisste Frau war schnell gefunden, es war Lara von der Hundeschule. Die Leckerlis für ihre Rettung hatte sie bereits griffbereit und ich wollte mich schon wieder auf den Rückweg machen. Aber das Funkgerät meldete eine erneute Verlustmeldung.
Ich bekam einen neuen Geruchsgegenstand und nahm damit die Spur auf.

Es wurde schwieriger, deshalb wurde es zur Chefsache erklärt.
Herrchen hielt, zu meiner Begeisterung eisern mit. Dabei brachte ich ihn allerdings kurz ins Straucheln, als ich Lara erblickte und abrupt stehenblieb. Das war ja einfach, dachte ich in dem Moment. Ich schnupperte kurz an ihr - Mist zu früh gefreut. Weiter ging es noch zweimal um die Kurve, einmal rechts abbiegen und nach einem Kilometer geradeaus hatte ich die »Vermisste« gefunden.

Die lag hinter einem großen Baumstamm, war aber unverletzt. Ihr glaubt gar nicht, wie sehr sie sich freute, dass sie dank mir in Sicherheit war.

Wer einen Hund hat, der findet irgendwann auch eine »Leiche«!

Alles war wie immer, wir waren mittags Gassi und machten einen Rundweg.

Da ich normalerweise prima auf Frauchen höre, war ich Freigänger.

Im Gebüsch sah ich etwas Eigenartiges liegen, das selbst für meine Nase sehr streng roch. Ich bin ja nicht gerade als Feinschmecker bekannt - eher so der Typ Allesfresser aber selbst mich konnte das »Futter« nicht begeistern.

Ihr müsst euch vorstellen, dass sah aus wie ein Mensch aber doch irgendwie auch anders. Da ich von Natur aus neugierig bin, musste ich mir das genauer ansehen. Ein schwarzer Schuh lag daneben und der sah nicht so aus, wie die Schlappen die Elke beim Gassigehen anhatte. Eher so wie die Teile wenn sie einen auf Bürotussi macht und sich »schön« anzieht.

Also ging ich noch ein wenig näher und erschrak total. So etwas hatte ich in meinem ganzen Hundeleben noch nicht erlebt. Tausende kleine Kriechtiere schauten mich kampfbereit an und ich sah, dass sie aus jeder Öffnung des »Menschen« herausgekrabbelt kamen. Ich nahm meinen ganzen Mut zusammen und wagte es noch einmal. Aber sofort krochen sie wieder in meine Richtung und versuchten mich anzufallen. Jetzt wollte ich es aber genau wissen. Also noch näher ran und am besten mal probieren dann wüsste ich Bescheid. Als ich gerade das Maul aufmachte und die Zunge ausstreckte, rief mich Frauchen: Maaaaxx zu mir.

Wie immer bei ihr - falsches Timing!

Mir blieb nichts anderes übrig, als ihrem »Befehl« Folge zu leisten. Schnell rannte ich zu ihr hin und umkreiste sie bellend. Dann sofort wieder an die »Fundstelle« zurück.

Ein neuerlicher Pfiff und ich zurück nach vorne. Da ich ja nicht Kommissar Rex oder Lassie war, denen die

Menschen immer sofort folgen, musste ich mir etwas einfallen lassen, damit sie sich in Richtung meines »Fundes« bewegte.
Mein lieber Hund, war diese Frau schwer von Begriff, da musste ich ihr wohl das Teil bringen, welches neben dem Schuh lag. Ich also schnell in das Gebüsch und mit dem Gegenstand, der auf dem Boden lag, zurück zu ihr. Ein gellender Schrei drang durch das liebliche Kochertal. »Maxx auuuus ... lass sofort den Arm los«. Dann kam Bewegung in ihre alten Knochen und sie begab sich »mutig« mit mir zu dem Gestrüpp. Ihr erster Blick fiel auf einen aufgerissenen blauen Müllsack, der auf dem Boden lag. Dann schaute sie nach oben und sie sah eine nackte leblose Frau auf dem Abfall liegen. Allerdings nur mit einem Arm – den anderen hatte ich ihr ja zum Zeigen gebracht.
Zitternd kam Frauchen näher und ließ sich vor lauter Schreck ihr Mittagessen noch einmal durch den Kopf gehen. Es war nicht viel und passte in einen leeren Kackbeutel von mir. Da sie sehr viele Krimis liest, wollte sie den »Tatort« nicht verunreinigen.
Bevor sie die Polizei anrief, wagte sie noch einen zweiten Blick und schaute die weibliche Person genauer an. Auf der hatten sich die Maden schon überall niedergelassen und es sah furchtbar aus.
Ich weiß nicht was schlimmer für sie war – Die kleinen Krabbeltierchen oder die » Tote« die leblos dalag. Auf jeden Fall war es ein schrecklicher Anblick für Frauchen. Sie fing leicht irre an zu lachen, als sie schließlich feststellte, dass irgendjemand seine »Bettgefährtin« entsorgt hatte.
Es war eine lebensechte Sexpuppe aus Silikon und die Maden kamen aus dem Müllsack, der Lebensmittel enthielt.
Da musste jemand wirklich sehr wütend auf seine »Partnerin« gewesen sein um sie so zu entsorgen.

Sie war so froh, dass es keine echte Leiche gewesen war.

Frauchen braucht Bewegung.

Ich gehe dreimal am Tag mit ihr Gassi, damit sie genügend Bewegung hat. Da sie im Büro arbeitet und ihren Schreibtisch oft nur kurz verlässt, ist das wichtig für sie. Außerdem tun ihr die frische Luft und der Kontakt mit Hundemenschen gut. Dabei teste ich gerne ihre Reaktionsfähigkeit. Es ist, für mich als Hund sehr schön zu sehen, wie Frauchen sich freuen kann. Zwar finden wir nicht jedes Mal eine »Leiche«, aber ich versuche ihr trotz dem immer, etwas Abwechslung zu bieten. Damit sie auf andere Gedanken kommt, übe ich verschiedene Sachen mit ihr und belohne sie hinterher mit einem liebevollen Blick. Manchmal lasse ich sie auch entscheiden, in welche Richtung wir gehen, denn es ist wichtig, dass unsere Menschen selbständig bleiben.

Unterwegs haben wir an diesem Tag zwei Menschen sowie einen Dackelwelpen getroffen. Das kleine Hundi und die eine Frau hatten ganz arg Angst vor mir. Aber ich wäre nicht Maxx, der Frauen - und Hundeversteher, wenn ich das nicht hinbekommen hätte. Die eine hatte mich gestreichelt und gemeint, was ich doch für ein lieber Hund sei. Das Baby beobachtete sein Frauchen und traute sich dann auch und kam dann vorsichtig zu mir hingelaufen.

Ich habe mich hingelegt und so konnte mich der Welpe in Ruhe abschlabbern und lernen, dass er keine Angst haben musste. Frauchen war so stolz auf ihren tollen Maxx und lobte mich ganz arg.

Anschließend gingen wir noch einen Feldweg entlang, auf dem ich abgeleint wurde und gleich voll durchstartete. Ich rannte auf einen riesigen Berg hoch, und so wurde ich zum gefürchteten Zuckerrübendieb. Die Dinger lagen alle auf einem Haufen und warteten nur darauf, von mir vernascht zu werden. War das ein Spaß! Die Rüben flogen durch die Luft, kreuz und quer, hin und her. Und diese süßen Teile schmeckten voll lecker.

Aber ein Pfiff von ihr und ich musste die Futterstelle verlassen. Unverschämterweise, wurde ich an die Leine genommen und nichts war mehr mit dem Fressen der Zuckerrübe.

Nur weil ich es ihrer Ansicht nach wieder einmal übertrieben hatte ... Spielverderberin!

Dafür war ich dann noch in »geheimer Mission« in einem Tunnel unterwegs ... Noch kurz die Welt retten. Ja, so ein Hundeleben ist manchmal sehr anstrengend, das kann ich euch bellen.

So werden Hunde - und Menschenträume am Heiligabend wahr!

Einen Tag vor Heiligabend rief eine Bekannte an und erzählte uns, dass der Hund ihrer Nachbarin entlaufen sei. Frau Bauer, der der Vierbeiner gehörte, hatte erfahren, dass wir in unserer Freizeit trailen.

Sie fragte in einem Telefonat mit meinem Herrchen, ob ich auch Hunde suchen könne. Er meinte, Maxx hätte bisher nur Menschen gesucht und das auch nur hobbymäßig.

Er empfahl ihr, sich an einen professionellen Pettrailer zu wenden. Es gibt richtig ausgebildete Hunde, als die Frau allerdings hörte, dass so ein Profi etwas kostet, lehnte sie dankend ab.

Nachdem auch noch die Oma mit meinen Menschen gesprochen hatte, ließen sie sich überreden. Sie betonten mehrfach, dass wir keine Profis seien, aber wir würden es versuchen.

Nero war die ganze Nacht nicht aufgetaucht und seine Besitzer hatten auch noch den folgenden Tag abgewartet. So war es mittlerweile neunzehn Uhr und sehr kalt draußen.

Ich brauchte sowieso noch eine Abendrunde und so fuhren wir in den zwanzig Kilometer entfernten Ort, um es zu probieren.

Erschwerend kam hinzu, dass Nero erst drei Wochen bei der Familie lebte. Sie hatten den vier Jahre alten Hund aus Ungarn und in dieser kurzen Zeit noch keine enge Bindung zu ihm aufgebaut.

Er war ein großer kräftiger Rüde, der sehr genau wusste, was er wollte.

Die Familie bestand aus der Oma, die in der Einliegerwohnung im Haus ihrer Tochter wohnte, sowie dem Schwiegersohn und den zwei erwachsenen Söhnen. Die ältere Frau hatte schon immer Hunde gehabt, aber damals noch in ihrem eigenen Haus.

Da sie erst, nachdem ihr letztes Tier über die Regenbogenbrücke gegangen war, umgezogen war, fühlte sie sich oft sehr einsam.
Ohne Hund hatte sie keine Freude am Spazieren gehen und blieb nur noch in ihrer Wohnung. Ihre Tochter konnte das nicht mehr mit ansehen und berief den Familienrat ein, um zu hören, wie ihre Familie reagierte, wenn Oma wieder einen Hund möchte.
Der Mann war dagegen, den Kindern war es egal und die Oma und ihre Tochter waren dafür.
Also schrieben sie einen Verein in ihrer Nähe an.
Nach einer Vorkontrolle und der Zusicherung der Tochter, dass auch sie sich um den Hund kümmern würde, kam Nero, der ungarische Schäferhund-Mix, in ihr Haus. Allerdings war es mit dem vierjährigen Rüden nicht ganz so einfach, wie es sich die beiden Frauen vorgestellt hatten.
Sie hatten einen dankbaren Hund erwartet, der vor lauter Freude über sein neues Zuhause total lieb und sehr folgsam wäre.

Leider denken noch viele Menschen so und das Tierheim ist voll mit solchen Hunden.

Es braucht seine Zeit, bis diese Tiere Vertrauen aufbauen. Es ist egal, ob es ein älterer Hund aus Deutschland ist oder, wie im Fall von Nero, aus Ungarn.
Alle diese Tiere haben eine Vorgeschichte und müssen erst einmal ankommen, um eine Bindung zu ihren neuen Menschen aufzubauen.
Diese Voraussetzungen hatte er leider nicht.
Wenn er mit der älteren Frau spazieren ging, hatte sie Angst, sie könne ihn nicht halten. Wann immer ihre Tochter Zeit hatte, gingen sie gemeinsam mit ihm Gassi.
Der Rest von der Familie hielt sich komplett aus Neros neuem Leben heraus. Weil er nicht ausgelastet war, nützte er fast jede Gelegenheit, um abzuhauen.

Allerdings war er bis dahin abends zur Fressenszeit immer wieder an der Haustür gewesen. Nachdem wir an dem Haus der Familie angekommen waren, wurden wir schon von Frau Bauer und ihrer Mutter erwartet.
Herrchen erklärte ihnen noch, dass wir die Decke oder Neros Bürste als Geruchsgegenstand für mich brauchten.
Ich bekam das Trailgeschirr angezogen und die Schleppleine wurde befestigt. Matthias ließ mich kurz an der Fellbürste riechen und schon legte ich los. Hinter uns waren Frauchen und Frau Bauer, die kamen kaum hinter uns her, weil ich eine Spur in der Nase hatte.
Auch Herrchen musste ganz schön rennen und die Besitzerin erklärte uns, dass Nero in diese Richtung abgehauen war. Wir liefen zuerst querfeldein und nach einer Stunde setzte ich mich vor einer Straße am Ortseingang hin. Ich hatte die Spur verloren und wir brachen die Suche nach Nero ab.
Es ist viel schwieriger, einen Vierbeiner zu suchen, der sich sehr schnell und auch über eine größere Entfernung bewegt, als einen Zweibeiner, der immer wieder mal stehen bleibt und eine gerade Strecke geht. Der kommt normalerweise nicht auf die Idee, in einer schwer zugänglichen Gegend querfeldein zu laufen - Wir Hunde schon.
Ich wurde von meinen Menschen ausgiebig gelobt und bekam noch einmal frisches Wasser zu trinken.
Für uns Hunde ist Trailen Hochleistungssport und wir machen dabei bis zu dreihundert Atemzüge in der Minute. Dadurch trocknen die Schleimhäute sehr schnell aus und wir können nicht mehr so gut riechen. Deshalb hat Frauchen unterwegs auch Wasser dabei und ich bekomme es immer wieder angeboten.
Mit Frau Bauer verabredeten wir uns für neun Uhr am kommenden Tag.
Am nächsten Morgen es war der Heiligabend, ging das Trailen an der Stelle weiter, an der ich mich am Vortag hingesetzt hatte.

Dieses Mal waren wir ohne die Besitzerin unterwegs. Sie musste noch Besorgungen für Weihnachten machen und hatte deshalb keine Zeit. Frauchen hatte mit ihr die Handynummer ausgetauscht, falls wir Nero finden oder sie etwas hören sollte.

Und wieder war Herrchens Sportlichkeit gefragt. Wir hatten schon gute zwei Kilometer am Feldrand zurückgelegt und waren bereits am nächsten Ort, als Elke einen Anruf bekam.

Nero war gefunden worden!

Was für eine gute Nachricht! So brachen wir die Suche ab und begaben uns auf den Rückweg.

Eine Frau aus dem Schwarzwald war gerade zu Besuch bei ihren Eltern. Morgens war sie mit deren Pudel auf einem nahen Feldweg unterwegs. Beim Gassigehen schloss sich ihr ein fremder Hund an, der nicht mehr von ihrer Seite wich, an - es war Nero!

Die Frau, die sich später als Nina vorstellte, nahm den anhänglichen Rüden mit zu ihren Eltern.

Nachdem er gefressen hatte, machte er es sich auf dem Sofa bequem und legte den Kopf auf ihren Schoss.

Da sie seine Tassomarke gesehen hatte, rief sie dort an. Schnell wurde eine Verbindung zwischen ihr und den Besitzern von Nero hergestellt.

Wie sich später herausstellte, war das Wohngebiet nur noch fünfhundert Meter von uns entfernt. Ich hatte also den richtigen Riecher gehabt. Wir befanden uns auf dem Weg zurück zum Haus von Familie Bauer. Als ich in die Straße einbog bekam ich eine frische Spur in der Nase und zog Herrchen ordentlich hinter mir her. Davor standen Herr und Frau Bauer sowie die Oma.

Nina, die Finderin, war mit Nero etwas abseits an ihrem Auto.

Als ich endlich den Hund zu meiner Geruchsspur kennenlernte, freute ich mich tierisch darüber. Der legte sich nach der stürmischen Begrüßung sofort

wieder zu seiner Finderin, was meinen Menschen sehr komisch vorkam.
Der Mann erklärte ihr ohne uns zu beachten, dass Nero ein Hund sei, der nur Ärger machte und deshalb noch heute ins Tierheim kommen würde.
Frauchen hielt kurz die Luft an und Herrchen bekam diesen Blick, der besagte – das geht gar nicht.
Dann sprach Nina weiter und wandte sich Herr Bauer zu - »Den Weg ins Tierheim können Sie sich sparen. Ich nehme Nero mit zu mir in den Schwarzwald«.
Sie hatte sich auf den ersten Blick in diesen tollen Hund verliebt.
Der Rest der Familie war zwar etwas verblüfft, meinte dann aber, von ihnen aus gerne.
Frau Bauer kommentierte noch:« Sie werden schon noch erleben was für ein undankbares Vieh er ist«!
Herrchen zückte gleich sein Handy, um es mit dem Verein, der Nero vermittelt hatte, abzusprechen.
Die Tierschützerin, die ihm bekannt war, hatte die ganze Zeit mit ihm in Verbindung gestanden. Da sie gerade im Urlaub war, konnte sie uns bei der Suche nach ihm nicht unterstützen.
Wenn ein Hund zurückgegeben wird, kommt er gemäß Schutzvertrag automatisch wieder in den Besitz des Vereins.
Nero hatte es mit Nina wirklich sehr gut getroffen und nachdem alles geklärt war, konnte sie ihn sofort mitnehmen.
Wir haben die Beiden einmal im Schwarzwald besucht und die Menschen haben sich E-Mails geschrieben und Fotos geschickt.
Etwas Besseres hätte ihm gar nicht passieren können.
Die Suche nach Nero war ein Ausnahmefall in meiner Karriere als »Pettrailer«.

Wenn Hundebesitzer Hilfe brauchen, sind wir in unserer Gegend gerne bereit, beim Verteilen von Suchplakaten und Einrichten einer Futterstelle zu helfen.

Wir fahren ins Allgäu, Berge wir kommen!

Meine Trainerin Tina war mit ihrem Partner, sowie ihren Hunden den Yorkis Merlin und Biene, über Silvester im Allgäu in Urlaub gewesen. Sie hat uns so vorgeschwärmt, dass es da so toll ist und wie schön die Ferienwohnungen seien. Die Vermieterin wäre sehr nett und Hunde sind herzlich willkommen.

Frauchen meinte, da wolle sie unbedingt hin. Immer nur in den Bayerischen Wald zu fahren, ist auch langweilig.

Da meine Menschen im April eine Woche Urlaub hatten, wurde dort sofort gebucht. Sie entschieden sich für die Wohnung im Erdgeschoss, die war größer als die obere, in der Tina mit ihrer Familie gewesen war. Denn schließlich bin ich kein Zwergenhund wie Merlin oder Biene und brauche Platz.

Nach einem matschigen Winter, wo Gassigehen oft sehr nervig war, freuten wir uns alle auf das Allgäu. Endlich war es soweit, zwar war es nur eine Woche, aber immerhin. Die Frage der richtigen Kleidung stellte sich besonders bei Frauchen. Bevor wir in den Urlaub fuhren, war es bei uns daheim warm, so ein »T-Shirt und Shorts« Wetter.

In unserer Urlaubswoche sagten die Wetterfrösche für die ersten paar Tage im Allgäu um die zwanzig Grad voraus. Danach sollte es kühler und am Freitag musste sogar mit Schnee gerechnet werden.

Bei sonnigen fünfundzwanzig Grad packte sie ihre Reisetasche. Frauchen überlegte und nahm dann doch noch eine lange Jeans und einen Fleecepulli mit. Da sie ihre Allwetterhundejacke sowieso immer mitnahm, war das Jackenproblem für jedes Wetter auch gelöst.

Sie erzählte meinem Herrchen, dass es früher viel einfacher für sie war, in den Urlaub zu fahren. Da wurde ein großer Koffer gepackt, der halbe Kleiderschrank mit Sommersachen und den passenden Schuhen hinein. Und dann ab zum Flughafen und in den sonnigen Süden geflogen.

Ja, ohne Hund geht das, aber zum Glück hatte sie ja jetzt mich ihren Schmusemaxx.
Und was sind schon vierzehn Tage faul am Strand liegen und abends schick essen gehen, wenn man dafür einen Seelenhund hat.

Samstags ging es dann los in Richtung Füssen. Herrchen hatte darauf bestanden, früh loszufahren. Daher waren wir nach drei Stunden Fahrt bereits um zwölf in der Nähe unserer Ferienwohnung.
Wir mussten sowieso Gassi gehen und noch Einkaufen. So sollte es kein Problem sein, die zwei Stunden, die wir vor der Zeit am Ziel waren, zu überbrücken.
Wenn, ja wenn da nicht dieses Wetter gewesen wäre: kühle sechzehn Grad und strömender Regen.
Mal ehrlich!
Wer von euch hat da große Lust, sich lange draußen aufzuhalten? Aber da ein Hund sein Geschäft auch bei schlechtem Wetter erledigen muss, stiegen wir notgedrungen aus dem trockenen Auto raus. Nach zehn Minuten hatte ich alles gemacht und wir konnten zum Maxxmobil zurückgehen.
Wenn wir in den Urlaub fahren, sitze ich in meinem Autofahrgeschirr angeschnallt auf dem Rücksitz. Der Kofferraum wird für die Kameras und Stative meines Fotografenherrchens und diverse Taschen benötigt. Bei mir hinten fanden sich noch Reisetaschen, auf denen noch die Jacken lagen.
Jeder Hundebesitzer kennt den Geruch eines nassen Hundes.
Wenn dann noch die feuchten Jacken der Menschen dazu kommen, riecht das Auto sehr lecker. Bei fast geschlossenem Fenstern kann man zu Recht behaupten, dass es furchtbar stinkt.
Frauchen ging dann noch das Wichtigste für das Wochenende einkaufen. Da sie sich nicht entscheiden konnte, kam sie mit einem fast vollen Einkaufswagen zurück.
Elke hatte ein Platzproblem!

Sie packte den Einkauf in zwei große Tüten, setze sich auf den Beifahrersitz und nahm eine Tasche auf ihren Schoss. Die andere wurde zwischen ihre Beine in den Fußraum gestellt.
Also bequem sah das nicht gerade aus.
Die Tüte mit Essbarem hätten sie mir auch auf den Rücksitz stellen können. Ich hätte schon dafür gesorgt, dass nicht mehr so viel drin ist. Aber auf diese geniale Idee kamen meine Menschen natürlich nicht.
Nach einer Viertelstunde waren wir endlich an unserer Ferienwohnung angelangt. Mittlerweile hatte es zum Glück aufgehört zu regnen und Herrchen stieg aus dem Wagen aus. In diesem Moment kam die Vermieterin Tanja Müller um die Ecke gelaufen.
Wie sie später berichtete, sah sie als erstes eine Frau im Auto, die fast vollständig von Einkaufstüten verdeckt war.
Sie dachte noch, manche Leute übertreiben es wirklich, wenn sie in den Urlaub fahren.
Mühselig befreite sich Elke aus dem Fahrzeug und begrüßte die immer noch staunende Frau Müller.
Selbstverständlich äußerte auch ich mich lautstark in der neuen Urlaubsregion. Herrchen schimpfte mit mir und half gleichzeitig Frauchen, die heraus gefallenen Lebensmittel einzusammeln.
Als wieder Normalität eingetreten war, stellten sich alle erst einmal vor. Die Wohnungsbesichtigung konnte beginnen und die Menschen setzen sich in Bewegung. Nur ich musste in meinem immer noch stinkenden Maxxmobil warten. Das Angebot von Tanja, ich sollte doch gleich mitgehen, lehnten sie dankend ab.
Sie gingen um das Haus herum, am Pferdestall vorbei und in die untere Ferienwohnung hinein.
Nachdem sie fast die ganze einhundert Quadratmeter große Wohnung gesehen hatten, kamen sie in das letzte Zimmer und sahen sich interessiert um.
Plötzlich eine Bewegung von rechts.
Eine Katze rannte aus dem Zimmer und dann durch die offene Balkontür an meinem Auto vorbei.

Von diesem Raum und vom Wohnzimmer aus, kann man auf die Terrasse, die, wie ein Balkon aussieht, rausgehen. Von dort gelangt man durch ein Gartentor wieder an das Auto.
Herrchen war so froh, dass ich sicher im Maxxmobil gewartet hatte.
Wahrscheinlich hätte Tanja, nach meiner Begrüßung der Katze Erna die Wohnung neu renovieren können.
Endlich durfte auch ich aus dem Auto raus.
Ich begab mich sofort auf Entdeckungstour und schaute sehr genau, ob noch weitere Katzen auf mich warteten. Bestimmt hatten diese bemerkt, dass ich freche Miezen zum Fressen gern hatte.
Deshalb blieb die Suche auch erfolglos und ich besuchte Frauchen, die gerade das Sofa mit Decken abdeckte. Herrchen war, mit Betten überziehen beschäftigt.
Da ich daheim ja niiiiie ins Bett springe, wurde auch hier alles »Maxxgerecht« vorbereitet. - Falls es doch einmal vorkommen sollte, wird über die vorhandene Bettwäsche und das Leinentuch zusätzlich noch unserer eigenen Sachen bezogen.
Nachdem die Taschen ausgepackt und die Hundedecken an strategisch wichtigen Punkten verteilt waren, konnte der Urlaub beginnen.
Da die Katze Erna noch eine Mitbewohnerin hatte und die beiden sehr oft vor der Eingangstür saßen, war es für die Gesundheit meiner Menschen besser, wenn wir die Abkürzung über die Terrasse nahmen.
Da ich im Bayerischen Wald in der anderen Ferienwohnung mit der Hauskatze Berta schlechte Erfahrungen gemacht hatte, war ich etwas vorsichtiger geworden.
Die kleinen Biester haben einfach keinen Respekt vor uns Hunden, aber blöderweise mag Elke Katzen sehr gerne.
Von dieser Seite aus konnte ich also keine Hilfe erwarten.

Bei einer ausgiebigen Abendrunde erkundeten wir zuerst die Gegend und ich muss euch bellen, das war wirklich toll. Frauchen war wegen der tollen Aussicht auf die Berge, völlig aus dem Häuschen und Herrchen war ständig am Fotografieren.

Was es alles zu sehen und bestaunen gab, ihr glaubt es nicht.

Ich bin zwar ein Landhund, aber so viele Kühe auf einem Fleck habe ich noch nie gesehen. Sogar durch den kleinen Ort, wo wir Urlaub machten, sind sie mit einem Zweibeiner vorne sowie einem, der hinter ihnen lief, Gassi gegangen.

Neben den Häusern der Menschen hatten die Kühe ihr eigenes Zuhause, wo sie abends immer hingingen.

Nach dem Abendessen kam der gemütliche Teil: »Couching« war angesagt.

Dann noch eine kurze Nachtrunde und wir legten uns schlafen. Weil es keinen Rollläden an den Türen und Fenstern gab, hatte Frauchen ein wenig Angst vor Einbrechern. Aber Herrchen konnte sie beruhigen, da im Allgäu nicht gerade das Verbrechen tobt und schließlich ICH zum Aufpassen an ihrer Seite war.

Die Frau schaut eindeutig zu viel »Aktenzeichen XY ungelöst« und liest ständig Krimis. Da braucht sie sich nicht zu wundern, wenn die Fantasie mir ihr durchgeht.

Herrchen ist morgens immer sehr früh wach, aber um in Tagesform zu kommen, genehmigt er sich erst mehrere Tassen Kaffee.

Deshalb können mein Frauchen und ich noch eine Stunde länger schlafen.

Meine erste Morgenrunde mit einem motivierten Herrchen und einem sehr verschlafenen Frauchen begann. Sie hatte geträumt, dass schwarze Schafe über sie hinweg liefen und sich im Bett breitmachten.

Bis sie den Lichtschalter gefunden hatte, um die Eindringlinge zu verjagen, waren diese bereits verschwunden.

Ich zog sie hinter mir her, was ihre Laune deutlich verschlechterte.

Zu allem Elend wollte Matthias Fotos mit einem fröhlich grinsenden Maxx machen. Elkes Aufgabe war mich zu motivieren, sie kam dieser allerdings nur sehr widerwillig nach.

Nachdem ich alles erledigt hatte, lief ich mit einem mittlerweile genervten Herrchen und einer Schlaftablette auf zwei Beinen zurück in die Ferienwohnung.

Nach drei Tassen Kaffee und einem kräftigen Frühstück erwachten Frauchens Lebensgeister und nun konnte dieser Tag fröhlich weitergehen.

Herrchen ist bei uns nicht nur für die Bilder zuständig, sondern auch für die Planung der Ausflüge.

Als Erstes fuhren wir zum Lechfall nach Füssen.

https://www.allgaeu-ausfluege.de/falllech.htm

Da stürzen sich über fünf Stufen die Wassermassen in die zwölf Meter tiefe Lechschlucht.

Was Elke gleich begeisterte: Ein neuer »Maxsteg« sollte dort gebaut werden.

Die hatten zwar meinen Namen nur mit einem X geschrieben, aber da sind wir nicht so kleinlich. Es hat uns doch etwas erstaunt, dass die Stadt Füssen, obwohl sie mich nicht kennt, mir zu Ehren einen Steg bauen will.

Mich dabei allerdings König Max zu nennen, fanden wir leicht übertrieben.

Ein herrlicher Tag mit strahlendem Sonnenschein und 22 Grad war angebrochen, also machten wir uns auf den Weg zum Forggensee.

https://www.suedliches-allgaeu.de/blog/winter/ueber-die-alte-bruecke-durch-den-forggensee.html

Als wir 2014 dort zum ersten Mal Urlaub machten, wurde der See, wegen Sanierungsarbeiten an der Staumauer, zusätzlich noch einmal um einige Meter abgesenkt. Wo in dieser Zeit das Wasser geparkt wurde, ist mir heute noch ein Rätsel.
Aber eigentlich war es Hundsegal.
Für mich war es einfach toll, kilometerweit ohne Leine über den ausgetrockneten See laufen zu können.

Auf dem Bild seht ihr mich in der Wüstenlandschaft des Forggensees.

Nachdem ich wie ein Verrückter Holz gesammelt und herumgetragen hatte, war es Zeit eine kleine Stärkung zu mir zu nehmen. Wir machten mitten auf dem See ein Picknick!
Könnt ihr euch das vorstellen? Das war mal eine ganz besondere Wanderung. Sonst fahren dort die Ausflugsdampfer und jetzt war es meine Rennstrecke.
Ich kann euch bellen, abends waren wir alle hundemüde.
Am nächsten Tag wanderten wir auf die Burgruine Hohenfreyberg.
http://www.ausflugsziel-allgaeu.de/burgruinen.htm
Dort gibt es sogar einen eigenen Eingang in

Maxxgröße. Herrchen war wie üblich total bepackt mit seiner Kameraausrüstung und stieg dann gleich auf den Turm, um Bilder zu machen.
Frauchen setzte sich auf eine Bank und schaute sich die tolle Gegend an. Langsam wurde es langweilig mit brav im Gras liegen und ich bellte Herrchen: Ein freundliches » Jetzt aber zackig« zu.
Endlich ging es weiter zur Nachbarruine Eisenberg, dort machten wir wieder Rast - und warteten.
Es ist ja schon toll, ein Fotografenherrchen zu haben, aber manchmal auch sehr langweilig. Da bin ich ganz Frauchens Hund, wir sind beide nicht sehr geduldig.
In solchen Momenten hat Matthias es nicht leicht mit uns. Deshalb schimpft er dann, wenn wir seiner Ansicht nach zu nervig werden. Elke wolle ja immer tolle Bilder haben und da müssten wir uns halt etwas gedulden, meint unser Herrchen.
Dann folgte ein Vortrag über gut erzogene Hunde und dankbare Menschen. Keine Ahnung, warum er gerade uns beiden so etwas erzählte.
Wir waren in dieser Woche noch am Hergratsrieder See, am Hopfensee sowie am Alatsee – das volle Programm eben.
Auch in der Pöllatschlucht sind wir gewesen.
Dort lernten wir zwei lustige Menschen mit ihren drei kleinen Hunden kennen. Der Mann erzählte, dass sie schon seit fast zwanzig Jahren aus dem Ruhrgebiet, zum Urlaub machen, ins Allgäu kommen.
Die ersten zehn Jahre waren noch ihre drei Kinder, ein Schäferhund sowie ein Pudel mit dabei. Da nicht alle mitsamt dem vielen Gepäck in das Auto passten, mussten die Frau sowie ein Kind regelmäßig mit dem Zug fahren. Nachdem der Mann seine Kinder, das Gepäck und die Hunde in der Ferienwohnung ausgeladen hatte, fuhr er zum Bahnhof und holte den Rest seiner Familie in Füssen ab.
Ja so kann man auch in den Urlaub fahren.

Da habe ich es richtig bequem in meinem Maxxmobil.

Überraschungen ... können manchmal auch nervig sein.

Unser letzter Urlaubstag war gekommen, es war kalt und regnerisch geworden. Frauchen fror in ihren dünnen Klamotten und brauchte dringend einen warmen Pullover.

Also nichts wie hin zum Einkaufsmarkt. Bevor Elke ausstieg, sagte Herrchen zu ihr, wenn sie zu viel einkaufte, würde es ihr wie der netten Frau aus dem Ruhrgebiet gehen. Sie müsste dann aus Platzmangel alleine mit dem Zug heimfahren.

So befolgte sie brav seine Warnung und kam nach kurzer Zeit mit ihrem neuen Pulli sowie einem Kuchenpaket zum Auto zurück.

Frauchen hatte das Mittagessen vergessen, also schickte Herrchen sie wieder zum Einkaufen. Zwar macht jeder Schritt schlank allerdings nicht wenn »Frau« sich anschließend den Bauch vollschlägt.

Mit zwei warmen Fleischkäsebrötchen kam sie wieder, ich dachte noch, das ist aber ein bisschen wenig für uns drei.

Was wollten die beiden denn essen? Das gekaufte Futter reichte ja gerade für mich.

Allerdings störte sie mein lautstarker Protest nicht sonderlich und ich musste hilflos mitansehen, wie sie mampfend auf ihren Sitzen saßen und genüsslich das bayerische Fastfood verputzten.

Haaaallo Leute, ich bin König Maxx, nach mir wird ein Weg benannt und da bekomme ich nicht einmal ein eigenes Fleischkäsebrötchen.

Dann fiel ihnen doch noch ein, dass im Kofferraum ein halbverhungerter Hund sitzt und brachten mir einen kleinen Rest von dem leckeren Brötchen.

Ehrlich ich habe ja eine, maximal zwei Sekunden ernsthaft überlegt hatte, dieses gönnerhafte Angebot mit königlich gekränktem Stolz abzulehnen. Aber bevor ich verhungere ....

Wieder zurück in unserem Feriendomizil legte sich Frauchen zum Lesen auf das Sofa. Weil ihr kalt war, wickelte sie sich in den Teppich ein.

Hier wird es Zeit für eine Erklärung:

Da meine Menschen aus dem Schwabenländle kommen und Dialekt sprechen, gibt es vielleicht das eine oder andere Missverständnis beim Lesen.

Also ein Schnellkurs Schwäbisch – Deutsch.

In den Teppich einwickeln bedeutet bei uns im Ländle nicht, dass sie den selbigen vom Boden nehmen und sich damit zudecken.
Nein ... Sie benutzen dazu natürlich auch eine Decke.

Genauso haben die Menschen bei uns in der Gegend auch keine Beine, sondern Füße bis auf den Boden.
Da wird nichts unterteilt, die Schwaben sind sparsam.
Und das ist auch gut so!

Mittags klingelte es an der Tür der Ferienwohnung. Überraschung ... Leute, ich traute meinen Augen kaum. Da stand doch tatsächlich Tina, meine Trainerin, vor der Tür. Ich dachte noch: Mist, hat Hund vor dieser Frau denn nirgends seine Ruhe.
Sie hatte ihren Mann Chris und die Zwerge, Biene sowie Merlin dabei. Was für eine »tolle« Überraschung im Urlaub ... ich war begeistert.
Jetzt war mir auch klar, warum Frauchen das große Kuchenpaket besorgt hatte. Herrchen und ich zeigte dem Besuch voller Stolz unser Urlaubsdomizil. So viel Platz ... ich glaube, die Zwergenhunde waren ganz schön neidisch.
Dann wurde ohne Rücksicht auf Kalorien die Sahnetorte vernichtet.

Irgendwann drängte Herrchen zum Aufbruch, weil er meinte, wir sollten jetzt Gassigehen, da es später schneien würde. Sie schauten alle zum Fenster, es war zwar kalt aber die Sonne ließ sich immer mal wieder blicken.
Er erntete von den anwesenden Zweibeinern ein müdes Lächeln.
Nach einer Weile kam endlich Bewegung in die lustige Gruppe. Matthias setzte sich eine Mütze auf und zog den Regenmantel über.
Auch Chris holte seine dicke Jacke.
Frauchen und Tina grinsten sich an und murmelten »Weicheier«.

Wir wollten einen Rundweg machen, der ungefähr eine Stunde dauern sollte.
War das ein Spaß mit den beiden Yorkis herumzurennen. Ich versuchte sie zu fangen, aber sie rannten einfach unter meinem Bauch hindurch.
Bis ich meine siebenundsechzig Zentimeter und damals noch fast vierzig Kilo gewendet hatte, waren sie schon wieder weg.
Merlin war an der Schleppleine, auf die bin ich dann »aus Versehen« mehrmals drauf getreten, so dass er zum Stoppen kam.
Er warf mir einen wütenden Blick zu und lief zu seinem Frauchen.

Wir hatten ungefähr die halbe Strecke hinter uns, als es zu regnen begann und der Wind immer stärker wurde.
Als aus dem Regen dann noch ein heftiger Schneesturm wurde, packten Chris und Tina je einen Hund unter die Jacke und liefen los.
Wie sehr habe ich mir in diesem Moment dasselbe gewünscht. Aber Herrchens Anorak war leider zu klein für mich, denn sonst da bin ich mir ganz sicher, wäre das kein Problem gewesen.

Unsere Ferienwohnung war schon in Sicht und wir drei legten noch einmal einen Zahn zu.

Als wir dort ankamen, sah ein trockenes Herrchen ein klatschnasses, durchgefrorenes Frauchen an.

Sie sagte keinen Ton mehr von wegen »Weicheier« und so. Seit diesem Zeitpunkt hört Elke immer auf Matthias und seine Wettervorhersage.

Er schaut, wenn es draußen nicht so gut mit dem Wetter aussieht, auf sein schlaues Handy und weiß meistens, wann es zu regnen anfängt.

Oder wie in diesem Fall, ob Schnee kommt.

Mein Fell wurde, so gut es ging mit meinem extra, saugfähigen Hundespezialhandtuch getrocknet.

Ich wärmte mich dann vor dem Kamin und erholte mich von der anstrengenden Runde.

Frauchen duschte sich und kam dann wieder trocken zu uns ins Wohnzimmer. Da sie zu ihrem Glück noch eine lange Jogginghose und den neuen Pullover hatte, musste sie nicht frieren.

Nach einer Stunde klingelte es an der Tür.

Tina und ihr Rudel kamen aus ihrer Ferienwohnung, getrocknet und in warmer Kleidung zu uns herunter.

Frauchen hatte einen Imbiss vorbereitet, der bestand aus Käsewürfeln, Trauben, Kabanossi sowie Weißbrot. Leeeecker!

Mir lief gleich ordentlich das Wasser im Maul zusammen und auch die zwei Yorkis sabberten schon heftig vor sich hin.

Ich dachte noch prima, die stellen es in Maxxhöhe auf den Tisch, aber ein mahnender Blick von Frauchen, sagte mir: Maxx ... Pfoten weg.

Wir saßen gemütlich auf dem mit Decken ausgelegten Sofa. Nur Herrchen musste alleine im Sessel sitzen.

Die Menschen unterhielten sich und wir Hunde lagen friedlich neben ihnen - bis auf einen.

Elke erzählte gerade, dass sie etwas Komisches im Fernsehen gesehen hatte: Ein Hund rannte in den

Garten der Nachbarn und kam nach einer Weile mit Hansi, dem Hasen der Nachbarskinder, zurück.
Sein Frauchen bekam einen Riesenschreck, denn das Tier war tot!
Schnell machte sie Meister Lampe, der voller Erde war, sauber. Sie schlich sich zu dem gegenüberliegenden Haus, um ihn in seinen Stall zu legen.
Nach einer halben Stunde kam die Nachbarin weinend rüber gelaufen. Sie erzählte ihr, dass Hansi, der Hase, schon sehr alt gewesen war und am Vortag gestorben war. Sie hatte ihn zusammen mit den Kindern im Garten feierlich begraben und *jetzt* lag er im Stall.
Der Hund hatte den toten Hoppler gerochen und ausgebuddelt.
Und was lernen wir daraus: Grabe niemals in Nachbars Garten, du könntest sonst eine Leiche finden.

Während Frauchen mit Händen und Füßen die Geschichte erzählte, stieg mir der Duft, von lecker Essen in die Nase.
Deshalb und nur aus diesem Grund, kam ich etwas zu weit links in Richtung Käsewürfel. Schon hatte ich den brummenden Merlin vor meinem Gesicht.
Als er dann auch noch mit den Zähnen fletschte, dachte ich: »Da ist aber einer nachtragend.
Nur weil ich ihm heute Nachmittag ein paar Mal auf der Schleppleine gestanden habe. Deshalb braucht er sich doch nicht so tierisch aufzuregen«.
Das Knurren wurde heftiger und ich sah keinen anderen Ausweg, als über den Tisch zu springen, und mit einem Satz in Herrchens Armen zu landen. Zum Glück war der Sessel stabil.
Mitleidheischend sah ich mich um, aber anstatt mich zu bedauern, lachten mich die doofen Zweibeiner aus.

Merlin wiegt zwar nur vier Kilo und ich fast das Zehnfache, aber in diesem Moment sah er aus wie eine riesige Dogge.
War ich froh, als der Abend endlich vorbei war ...

Der Alltag hat uns wieder, aber daheim ist es auch schön!

Morgens um fünf Uhr ist die Nacht zu Ende, aber zum Glück nur von mittwochs bis freitags. Wenn meine Menschen länger schlafen, ist mir das sehr recht. Obwohl ich kein Morgenmuffelhund bin, ist mir acht Uhr lieber zum Aufstehen.

An diesen Tagen benimmt sich Frauchen immer besonders lustig. Sie steigt aus dem Bett, schneidet ihrem Spiegelbild Grimassen und fährt der fremden Frau mit dem Waschlappen über das Gesicht, putzt noch schnell die Zähne und zieht hundetaugliche Klamotten an.

Ich werde rücksichtslos, von der warmen Matratze gescheucht und der Tag kann beginnen.

Normalerweise laufen wir so zwanzig Minuten und ich habe Gelegenheit mich zu informieren, wer vor mir da war.

Manchmal treffe ich Hundekumpels und mein verpenntes anderes Ende der Leine unterhält sich kurz mit den auch nicht besser aussehenden dazu gehörenden Menschen.

Danach geht es heim und ich bekomme mein nicht, gerade reichhaltiges Frühstück, in einem Anti-Schlingnapf serviert.

Bevor ich ewig hungriger Maxx endlich loslegen kann, beginnt die Schikane. Ich muss Sitz gehen und warten, bis Frauchen mir die Freigabe gibt und das kann dauern.

Das müsst ihr euch mal vorstellen, wie gemein die zu mir ist.

Auch ein Schreiben an den Tierschutzverein führte leider zu keinem Ergebnis.

Angefangen hatte alles damit, dass ich ihr meinen damaligen Metallnapf einige Male aus der Hand geschlagen habe.

Es kann doch mal passieren, dass ein Hund, vor lauter Hunger hochspringt.
Ich fand es nicht so schlimm, dass die Trockenfutterbrocken durch die Gegend flogen.
Sie aber meinte, ich sei ein Schnellfresser, deshalb der fiese Napf. Aus diesem Grund würde ich auch drei Mal am Tag winzige Mahlzeiten in die Futterschüssel bekommen, weil ich alles »inhaliere«.
Wenn Herrchen Glück hat, dann richtet Frauchen ihm sein Vesper für die Arbeit und da fällt manchmal auch ein Krümelchen für mich ab.
Anschließend geht Frauchen ins Bad und wird zur Bürotussi. Sie malt sich Farbe ins Gesicht und findet, sie sieht schon bedeutend besser aus als nach dem Aufstehen.
Wenn sie dann ihre saubere Kleidung für das Geschäft angezogen hat, darf ich ihr weder zu nahe kommen, geschweige denn sie abschlabbern.
Was die ständig für ein Theater macht wegen der paar Sabberflecken auf den Klamotten, verstehe ich nicht.
Sie arbeitet in der Verwaltung eines großen Lebensmittelkonzerns und hat Gleitzeit, so dass es nicht so schlimm ist, wenn es mal wieder länger dauert.
Für eine besondere Freude sorge ich manchmal, indem ich ihre Schuhe verstecke. Aber immer nur einen von denen, die sie normalerweise ins Büro anzieht.
Ich weiß genau, welche ich nehmen muss, nämlich die ohne Dreckklumpen an der Sohle.
Dankbarkeit sieht allerdings anders aus, wenn sie auf einem Fuss mit Schuh, suchend durch die Wohnung läuft.
Hat sie den zweiten Schuh dann endlich gefunden, kehrt Ruhe für die nächsten paar Stunden ein.
Ich mache es mir dann erst mal im Bett gemütlich und erhole mich von ihr.
Mittags, wenn sie Feierabend hat und mit dem Auto in die Einfahrt fährt und ich den Diesel röhren höre, freue ich mich tierisch darüber. Nachdem ich sie lautstark

begrüßt und somit auch den Nachbarn Bescheid gebellt habe, zieht sie sich um.

In ordentlichen Hundeklamotten begeben wir uns dann zur Mittagsrunde.

Meistens gehen wir zu Fuß und ich treffe mich mit meinen Hundekumpels. An anderen Tagen nehmen wir das Maxxmobil und fahren auf ein Feld oder in den Wald. Dort angekommen, machen wir Übungen, auf den liegenden Leckerlibäumen. Dass finde ich klasse und es macht mir sehr viel Spaß.

Ab und zu wird sie allerdings zur Spaßbremse und meint, ich hätte ein Training in Leinenführigkeit nötig.

Was natürlich total überflüssig ist.

Eigentlich ist es doch ganz einfach, wer hinten läuft, folgt logischerweise dem vorauslaufenden Hund. Bleibt er stehen um etwas Wichtiges zu schnüffeln oder sein Bein zu heben, ist das andere Ende der Leine verpflichtet anhalten.

Da aber Frauchen unter »*Bedarfsstarrsinn*« leidet, muss ich immer viel mit ihr üben.

Seit neuestem bleibt sie auch stehen, wenn ich ziehe, und murmelt ständig vor sich hin: *»Ich bin ein Baum und genauso fest stehe ich da«.*

Dass entgegenkommende Hundehalter sie für etwas seltsam halten, ist ihr völlig gleichgültig.

Wenn aber der dazugehörende Hund noch seine Meinung dazu bellt, ist es *mir* nicht egal. Ich hänge dann kräftig in der Leine und kläffe meine Sicht der Dinge.

Frauchen gleicht in dieser Situation dabei allerdings mehr einer Zimmerpflanze als einen Baum. Aber wenn sie meint, es nützt etwas, dann mache ich den Blödsinn eben mit.

Herrchen ist da bedeutend pflegeleichter, mit ihm komme ich sehr viel zügiger voran und *er* versucht auch nicht, mich ständig zu erziehen.

Elke geht alle vierzehn Tage samstags mit ihren beiden Freundinnen Sandra und Martina Frühstücken.

Bis die Mädels mit Erzählen fertig sind, vergehen jedes Mal mindestens drei Stunden. Männer, Kinder und Hunde sind dabei nur in absoluten Notfällen gestattet.

Nach ihrem reichhaltigem Frühstück geht sie dann immer noch einkaufen. Was nicht gerade ihr Hobby ist, wie sie jedesmal rumjammert.

An mir liegt es nicht, dass sie so viel schleppen muss, denn meine fünfzehn Kilo Trockenfutter kommen immer per Post.

Auch sonst macht sie die Einkäufe meistens ohne mich, denn ein Hund im warmen Auto geht gar nicht.

Sobald es draußen wärmer wird, schaut sie sich auf dem Parkplatz des Einkaufsmarktes nach Hundeautos um. Bisher war immer alles in Ordnung und es gab zum Glück nirgends ein Hundeleben zu retten.

Aber theoretisch weiß sie sehr genau, dass sie natürlich »besonnen« reagieren wird.

Wenn es die Örtlichkeit zulässt, würde sie zunächst das Kennzeichen ausrufen lassen. Da das oft nicht möglich ist, sollte das Fahrzeug mit dem Hund darin fotografiert und die Polizei verständigt werden. Da mein Frauchen in solchen Situationen eine sehr laute energische Stimme hat, sind Zeugen nicht schwer zu finden.

Wenn allerdings der Hund in einer schlechten Verfassung ist, würde sie nicht lange überlegen und die Seitenscheibe einschlagen. Um das Tier zu befreien und ihm natürlich sofort Wasser anbieten.

Nach dem Eintreffen der Polizei sollte auf jeden Fall eine Anzeige wegen Tierquälerei erstattet werden.

Ein Bekannter von ihr erlebte das alles aus der Sicht eines Hundehalters an einem heißen Sommertag.

Er war mit seinem Kombi auf den Parkplatz eines Supermarktes gefahren und holte aus der großen Hundebox die leeren Wasserkisten heraus.

Nach einer halben Stunde hatte er alles erledigt und fuhr mit dem Einkaufswagen zurück zum Auto. Schon von weitem sah er Menschen an seinem Fahrzeug stehen. Er dachte noch »Mist, da hat mich bestimmt einer beim Ausparken gestreift«.

Als er direkt davor stand und einladen wollte, wurde er feindselig von ihnen »begrüßt«.

Eine Frau informierte ihn darüber, dass die Polizei Bescheid wüsste und jeden Moment eintreffen müsste. Außerdem könnte er mit einer Anzeige wegen Tierquälerei rechnen.

In einem aggressiven Ton schnauzte sie ihn an: Es sei unverantwortlich seine Hunde im geschlossen Wagen zu lassen und dann einkaufen zu gehen.

Für solche Menschen habe sie nur Verachtung übrig und spuckte vor ihm auf den Boden.

Elkes Bekannter war so verblüfft, dass es ihm die Sprache verschlug.

Der wütenden Frau hingegen nicht und so schimpfte sie weiter: Sie hätte mehrmals an das Autofenster geklopft, aber offensichtlich seien die Hunde schon zu schwach zum Bellen.

Einer der Zeugen sagte ihm, er solle jetzt endlich öffnen, sonst würde er die Scheibe einschlagen.

Mittlerweile war die Polizei vor Ort und langsam dämmerte es dem Mann, was die Leute von ihm wollten.

Er öffnete schnell den Kofferraum sowie die Hundebox – peinliches Schweigen!

Die Umstehenden schauten in ein leeres Auto!

Der zu Unrecht beschuldigte Mann bedankte sich trotzdem bei der Frau für ihr aufmerksames Verhalten.

Einer der Polizisten, der selbst Hundehalter war, lobte sie auch.

Wenn wirklich ein Hund in der Box gewesen wäre, hätte sie ihm wahrscheinlich das Leben gerettet.

Es ist wichtig, nicht wegzuschauen - und gegebenenfalls zu reagieren!

Meine Menschen sprechen über einen Bruder für mich!

Zwar hatte ich noch die eine oder andere kleine Baustelle, aber da ich ansonsten ein ganz lieber Maxx war, wollten meine Menschen es wagen.

Immer wieder schauten sie ins Internet, auf die Seiten der Organisationen, die Auslandshunde vermitteln. Warum es ein Hund vom Ausland sein sollte, wurden sie oft gefragt. Ihre Antwort lautete: Weil sie vorher schon regelmäßig Futterspenden in die dortigen Shelter nach Rumänien geschickt hatten und über die oft grausamen Verhältnisse informiert waren. Natürlich gibt es nicht nur in Rumänien viele Straßenhunde, die in Leid und Elend leben, sondern auch in vielen anderen Ländern Europas.

Wie überall gibt es auch dort Kreaturen, die das Wort Mensch nicht verdient haben. Die beste, weil nachhaltige Lösung des Straßenhundeproblems ist natürlich die Tiere einzufangen, zu kastrieren und wieder frei zu lassen.

Das wird teilweise auch schon gemacht, aber leider noch immer nicht flächendeckend, was zum Teil auch an der finanziellen Lage sowie der Mentalität der Menschen liegt.

Da Frauchen in meiner Schule Auslandshunde kennengelernt hatte, wollten sie so einem Tier ein neues Zuhause geben. Bei einer Organisation, die nur ein paar Kilometer von unserem Zuhause entfernt war, sahen sie ein Bild von einem ca. drei Monate alten Welpen namens Lino.

Sie stellten unser Rudel per Email vor und fragten nach, wann wir den Kleinen auf seiner Pflegestelle besuchen könnten. Elke meinte, wenn es in der Nähe sei, würden wir auch einige Male zusammen Gassi gehen können. Denn das Wichtigste war ja, dass ich mich mit dem Zwerg verstehe.

Aber leider war es nicht so einfach, wie sie es sich vorgestellt hatten - Lino war noch in Rumänien. Aufgrund eines Bildes einen Hund zu sich zu nehmen, kam für Elke und Matthias nicht in Frage ... eigentlich! Aber ... sie überlegten nur kurz und entschieden sich, Lino trotzdem zu nehmen, um wenigstens ein Hundeleben zu retten.
Nach einigen Gesprächen mit Nadine von der Tierschutzorganisation und einer Vorkontrolle stand Linos Adoption nichts mehr im Wege.

Auch ich gehöre zum Leben von Maxx und seinen Menschen. Ich wurde Anfang März 2014 in Rumänien geboren und mein Name ist Lino.

Da ich es euch nicht mehr selbst erzählen kann, schreibt Frauchen ihre Erinnerungen auf.

Paula war schon als Kind mit ihren Eltern nach Deutschland gezogen.
Ihre Ferien verbrachte sie regelmäßig bei ihren Großeltern.

Diese sind engagierte Tierschützer und besitzen in Rumänien ein großes Haus mit Garten. Im Mai 2014 war es wieder soweit und Paula flog in ihre zweite Heimat. Sie war traurig und wütend zugleich, dass in dieser Zeit von der Regierung sogar Prämien für jeden gefangenen Hund bezahlt wurden.

Die Angst war überall greifbar.

Die Tierfänger machten auch vor den Haustieren der Menschen keinen Halt. Paulas Großvater hatte schon viele Hunde vor dem sicheren Tod bewahrt und ihnen dann den Weg in ein neues Leben in Deutschland ermöglicht.

Auf dem Weg zu ihren Großeltern entdeckte Paula den kleinen ***Lino*** *am Straßenrand. Sie fragte überall im Ort nach, aber keiner kannte ihn oder wusste, zu wem er gehörte, und so nahm sie ihn mit.*

Was mit seiner Hundemama und den Geschwistern geschehen war, darüber lässt sich nur spekulieren.

Da sie nur ihren Urlaub in Rumänien verbrachte, flog sie nach vierzehn Tagen zurück nach Deutschland. Hunde dürfen erst mit vier Monaten ausreisen, daher konnte sie Lino nicht mitnehmen.

Sie setzte sich mit einem Verein von Tierschützern in Verbindung und stellte ein Bild von ihm auf die Vereinsseite.

Da entdeckte ich ihn und wir verliebten uns sofort in den süßen Welpen.

Wir bekamen die Telefonnummer von Paula, Linos rettendem Engel. *Acht Wochen mussten wir noch warten, bis Lino zu uns kommen würde – aber Paula hielt uns über seine Entwicklung auf dem Laufenden. Im August flog sie dann wieder nach Rumänien und wir konnten Lino endlich »live« über Skype sehen. Mittlerweile war er ca. fünf Monate alt und wir erfuhren von Paula, dass er sehr schüchtern sei.*

Doch wenn wundert das, kannte doch niemand seine Vorgeschichte. Wer weiß, was dem kleinen Kerl in seinem jungen Leben schon widerfahren war …

Den Tieren ging es, bei den Pflegeeltern gut und sie bekamen ausreichend zu fressen.

Aber so wie ich es mit Maxx in seiner Prägungsphase gemacht hatte, das war bei den vielen Tieren, die dort lebten, nicht machbar.

Lino hatte große Scheu vor den anderen Hunden und schloss sich stattdessen einer Katze an. Sie war seine »Mama« und brachte ihm bei, Mäuse zu fangen.

Es war uns bewusst, dass er eine ganz neue Herausforderung in unserem bisherigen Leben sein würde. Wir konnten es kaum erwarten den scheuen Welpen bei uns zu haben und ihm viel Liebe zu schenken. Bei ihrem Rückflug nahm sie Lino und zwei weitere Hunde mit nach Deutschland.

Vorher hatte ich Paula ein Dankesschönpaket für ihre Großeltern geschickt, sowie einen Schutzengel für sich und Lino.

Leider brach der Engel, schon in Rumänien, in zwei Teile.

Paula hatte mir per SMS mitgeteilt, dass sie mit den Hunden ohne Probleme durch den rumänischen Zoll gekommen war. Das war keine Selbstverständlichkeit, umso mehr freute ich mich darüber.

Ich fuhr mit dem Zug nach Stuttgart und nach einem kurzen Aufenthalt ging es weiter, mit der S-Bahn an den Flughafen um Lino abzuholen. Ich war total aufgeregt und konnte es kaum erwarten, den Kleinen endlich in den Armen zuhalten. Dort traf ich mich mit Nadine von der Orga und gemeinsam, warteten wir mit den anderen zukünftigen Hundeeltern auf Paula.

Kurze Zeit später nahmen wir sie und die Hunde freudestrahlend in Empfang. Lino wurde von mir doppelt gesichert, um zu verhindern, dass er Panik bekommt und davon rennt.

Schließlich war es für Lino ein »Kulturschock« und keiner wusste, wie er auf die vielen neuen Eindrücke und Geräusche reagieren würde. Zusätzlich brachte ich ihm noch ein GPS an, so dass eigentlich nichts mehr schiefgehen durfte.

Das GPS dient zur Sicherheit, sollte ein Hund trotz aller Vorkehrungen dennoch weglaufen.

Man kann dann über Handy seine Position verfolgen und ihn schneller finden. Leider sind immer noch viele Menschen zu sorglos und die Hunde, die der Hölle entkommen sind, entlaufen schon bei der Übergabe.

Matthias und Maxx erwarteten uns schon voller Ungeduld bei Nadine zu Hause. Lino hatte Angst und wusste gar nicht, wie ihm geschah, als ihm so ein großer bellender Hund gegenüber stand.

Maxx, aber hatte nur Augen für sein von ihm vermisstes Frauchen, und beachtete Lino überhaupt nicht. Wir fuhren dann zügig nach Hause und haben den Kleinen erst einmal in Ruhe gelassen. Er war total ängstlich und traute sich kaum zu bewegen.

So ein schüchterner, junger Hund, war eine ganz neue Erfahrung für uns und wir versprachen ihm, dass wir es mit viel Geduld und noch mehr Liebe gemeinsam schaffen würden.

Mit den beiden Hunden wurde es jeden Tag besser und als sie zum ersten Mal gemeinsam in ihrem Hundebett geschlafen haben, flossen bei mir die Freudentränen. Lino orientierte sich sehr an Maxx und wurde auch uns gegenüber mit jedem Tag zutraulicher, fasste langsam Vertrauen.

Nach zwei Wochen gingen wir zum ersten Mal in die Hundeschule. Er hatte vor allem Neuen sehr viel Angst, deshalb waren ihm die anderen Hunde nicht geheuer. Eine Hündin, Onja, wollte mit Lino spielen, aber vor lauter Angst schnappte er immer in die Luft und brachte sich in Sicherheit.

Die Rettung nahte in Form von Maxx, der bevor Lino zu uns kam, eine Auffrischung in Sachen »wie gehe ich mit Welpen um« bekommen hatte.

Als Lino sah, wie viel Spaß es seinem Bruder machte mit den Hunden herum zu tollen, wagte er einen Versuch. Er überraschte uns jeden Tag mit seinen Fortschritten und seiner Lebensfreude.

Er war ein begnadeter Mäusefänger, aber wir konnten immer verhindern, dass er sie fraß.

Die Zeit genossen wir vier sehr; der erste Urlaub sollte in einer Woche beginnen. Die Hunde waren sehr lieb, auch wenn sie alleine waren, und verstanden sich prima. Jeden Mittag machten wir eine schöne Gassirunde und hatten viel Spaß dabei.

Als Lino fünf Wochen bei uns war, begrüßte er mich nicht so freudig wie sonst, als ich mittags heimkam. Er lag auf dem Bett und wedelte nur müde mit seinem Schwänzchen.

Morgens hatte ich noch einen fröhlichen Lino und jetzt war er krank und spuckte die ganze Zeit. Ich rief sofort unsere Tierärztin an und wir konnten gleich vorbei kommen.

Sie meinte, er habe eine Halsentzündung und verordnete ein Antibiotikum. Aber ich sollte am nächsten Morgen zur Blutentnahme vorbei kommen. Lino war sowieso sehr dünn und ich gab ihm Kartoffelbrei und etwas gekochtes Fleisch zum Fressen. Das wenige das er zu sich nahm, musste er sofort wieder erbrechen.

Langsam machten wir uns richtig Sorgen und waren schon um acht Uhr in der Praxis.

Da es eine Tierklinik ist, konnten die Untersuchungen sofort gemacht werden. Beim Röntgen stellte sich heraus, dass die Leber und die Nieren angegriffen waren und auch sein Blutbild war katastrophal.

Lino bekam Infusionen und ich hatte immer noch die Hoffnung, dass alles gut würde. Seit langem betete ich wieder einmal und wünschte mir so sehr, dass er gesund würde. Die meiste Zeit war ich bei ihm und wollte es nicht glauben, dass mein kleiner Schatz so krank war. Die Tierärztin erklärte mir, dass die Leber stark angegriffen war und eine Niere überhaupt nicht mehr funktionierte.

Die andere würde nur noch ca. 30 Prozent arbeiten. Gegen Abend trug ich Lino zum Auto und wir fuhren nach Hause.

Daheim musste er gleich wieder spucken.

Nach einer schlaflosen Nacht bekam er morgens bei uns zuhause eine weitere Infusion und Matthias kümmerte sich liebevoll um Lino.

Maxx hatte sich völlig von dem Kleinen zurückgezogen.

Ich musste zur Arbeit, aber ich konnte an nichts anderes als an meinen armen Schatz denken. Deshalb machte ich früher Feierabend und fuhr nach Hause. Gegen elf Uhr verschlechterte sich sein Zustand noch einmal drastisch und wir fuhren sofort mit ihm in die Tierklinik.

Matthias trug in hinein und legte ihn vorsichtig auf den Behandlungstisch. Wir hielten Lino in unseren Armen und streichelten ihn.

Auf einmal jaulte er noch kurz auf –

Dann war es vorbei ...

Unser Lino war mit erst sieben Monaten in unseren Armen gestorben.

Ich hoffe sehr, mein kleiner Schatz, du bist gut über die Regenbogenbrücke gekommen.
Sam und Premi haben sicher schon auf dich gewartet, um dir im Regenbogenland alles zu zeigen.
Wir können nur spekulieren, was geschehen war, er hatte eine chronische Vergiftung, die über Monate hin weg in seinem Körper gewesen sein musste.
Ob seine Mama und die Geschwister vergiftet worden waren und Lino weniger abbekommen hatte, konnten wir nur vermuten.
Die Wahrheit werden wir wohl nie erfahren.
Auch könnten die Schäden an Leber und Niere schon von Geburt an gewesen sein. Die zweite Niere war bei ihm nicht mehr mitgewachsen, wäre er klein geblieben, vielleicht hätte er dann eine Chance gehabt. So aber kam es zu dem akuten Nierenversagen.

Wir waren unendlich traurig und konnten es nicht glauben.
Fassungslos fuhren wir zum Tierkrematorium, wo wir ihn einäschern ließen. Maxx gaben wir noch die Gelegenheit sich von Lino zu verabschieden.
Er schaute den Kleinen an, schnüffelte und mit einem Seufzer, drehte er den Kopf weg.
Zuhause versuchte ich vergeblich, mich erst einmal damit zu beschäftigen und die vollgespuckten Decken zu entsorgen.

Wir haben uns bewusst dafür entschieden, Lino einäschern zu lassen.
Durch unseren verstorbenen Hund Sam hatten wir mit dieser Art von Bestattung schon Erfahrungen gemacht.
Da wir keinen Garten haben und es auch immer wieder einen Umzug geben kann, ist das für uns die beste Möglichkeit. ,
Zwei Tage später konnten wir Linos Asche abholen und er war wieder daheim.
Nun stehen beide Urnen mit einem Bild vom Sam und dem kleinen Lino im Wohnzimmer.

Premi, der als erster über die Regenbogenbrücke gegangen war, ist in einem Wochenendgrundstück von Freunden begraben.

Man kann sein geliebtes Tier auch beim Tierarzt lassen, aber das war keine Option für uns. Eine weitere Art der Bestattung ist auf einem Tierfriedhof.

Bei mir wird die letzte Reise in einem Friedwald enden. Für viele Menschen unvorstellbar, da sie ein Grab zum Trauern brauchen.

Jeder Tierfreund muss für sich entscheiden, was für ihn am besten geeignet ist.

Alle waren über den frühen Tod eines so jungen Hundes erschüttert. Vor allem Paula, die Lino gerettet hatte, sowie Nadine von der Orga, haben sehr mit uns getrauert.

Die anderen zwei Hunde, die mit ihm aus Rumänien kamen, sind gesund und munter.

Sie hatten mehr Glück als Lino, sie waren im Gegensatz zu ihm auch schon ausgewachsen.

Unser kleiner Sonnenschein
Du fehlst uns sehr,
Du wirst immer einen Platz,
In unserem Herzen haben!

Lino, wir wollten dir noch so viel Liebe schenken, aber wahrscheinlich haben sie im Himmel einen kleinen Engel gebraucht.

Es ist nun schon über ein Jahr her, seit du über die Regenbogenbrücke gegangen bist.

Wenn ich einen Regenbogen sehe, muss ich immer noch um dich weinen.

Hab dich lieb mein kleiner Schatz.

Wir fahren in den Urlaub ... leider ohne unseren Lino!

Schweren Herzens fuhren wir mit Maxx in den Urlaub ins Allgäu. Lino war selbstverständlich auch dabei, aber leider nicht so, wie wir es uns gewünscht hatten. Er war zwar nur fünf Wochen bei uns gewesen, aber er war ein Familienmitglied und wir haben in ihn der kurzen Zeit sehr lieb gewonnen.
Und so nahmen wir unseren kleinen Engel überall mit hin.

Lino heißt im lateinischen „Engel"

Das Leben musste weitergehen und schließlich war ich, der liebe Maxx, ja auch noch da. Wir fuhren in unsere Ferienwohnung zur Tanja in die Nähe von Füssen.
Leider hatte der Forggensee im Oktober seinen Wasserstand erreicht und nichts war, mit kilometerweit auf dem See herumrennen. Ihr müsst euch das mal vorstellen, wo vorher nur Wüste war,

sind da ganz viele Schiffe auf dem Wasser gefahren. Schlimm war das nicht, dafür konnte ich schwimmen und das ist für einen Wassermaxx auch prima.
Herrchen hatte einen fast menschenleeren Strand gefunden, wo ich mich gnadenlos auspowerte. Jeden Tag waren wir Wandern und Gelegenheit zum Baden fand sich ebenfalls.
Genauso muss das Hundeparadies aussehen.
Einmal hatte Frauchen einen Wegweiser in Vils/Tirol entdeckt, auf dem stand: »Zum Hundsarschjoch« - Zwei Stunden.
Sie las laut vor und grübelte, was das sein sollte?
Dabei schaute sie mir demonstrativ auf meinen Prachthintern. Wahrscheinlich überlegte sie, wo sich die anderen Hundeärsche versteckt hielten. Herrchen hatte dann die Lösung: Wir laufen weiter und suchen sie.
Theoretisch geht man an der Konradshütte zur Hundsarschalpe, vorbei an der Vilser Alm. Der Aufstieg zum Hundsarschjoch ist steil und steinig.
Praktisch bin ich soweit mit dem ständig nach Luft schnappenden sowie jammernden Frauchen leider nicht gekommen.
Die Aussage von Matthias, dass es eben keine eingebauten Rolltreppen auf dem Berg gäbe, fand sie in diesem Moment seeeehr witzig. Wir fanden einen geraden Weg, der uns an einem Wasserfall vorbeiführte. Nachdem wir uns erfrischt hatten – ich war danach total nass, machten wir eine ausgiebige Brotzeit.
Die Abendrunde war zu meiner Begeisterung am Hopfensee. Weil da immer viele Rehe auf der Wiese sind, darf ich nur an der Schleppleine laufen. Frauchen meinte, sie würde mir nicht trauen, wenn die Tiere plötzlich in den Wald rennen und ich frei wäre.
Hallo ... Ich jage doch keine Waldbewohner, vielleicht mal eine Runde mit ihnen Spaß haben – oder so.
An einer überschaubaren Stelle kam uns ein Schäferhund mit Herrchen entgegen.

Super - ein neuer Hundekumpel!

Ich signalisierte ihm, lass uns herumtoben. Sein Mensch sagte, im Vorbeilaufen, dass sein Hund nicht spielen wolle und hielt uns noch einen Vortrag über gut erzogene Hunde, die beim Gassigehen nie eine Leine brauchten. Ich lief dann brav mit meinem Frauchen weiter. Plötzlich kam Arko zurückgerannt und wollte doch mit mir spielen. Das musste er mir nicht zweimal bellen und ich rannte sofort los. Bedauerlicherweise merkte es Elke zu spät und so zog ich sie kurz auf dem Waldboden an der langen Schleppleine hinter mir her. Oje, war sie wütend auf Arkos Herrchen – und unbegreiflicherweise auch auf mich. Als der Mann mit dem gut erzogenen Hund auch noch wagte, zu schimpfen, an allem sei nur ich schuld, reichte es Matthias. Keiner beschimpft seinen Maxx! Da hört bei ihm der Spaß auf und er kann richtig böse werden. Kaum war Arko eingefangen, büchste er erneut aus und flitzte wieder hinter uns her.Frauchen motzte das andere Klugscheißerherrchen an: - Mit Leine passiert so was nicht. Ich verhielt mich dann auf dem Rückweg sehr unauffällig, um weiteren Ärger zu vermeiden.

Am nächsten Morgen fuhren wir wieder nach Hause. Ein abwechslungsreicher Kurzurlaub war zu Ende. Es war zwar toll, aber schöner wäre es mit Lino gewesen. Ich wollte ihm doch alles zeigen und bestimmt hätten wir dabei jede Menge Spaß miteinander gehabt. Auch meine Menschen sprachen noch oft von ihm, wie traurig es ist, dass ein junger Hund so früh sterben musste.

Ich wünsche dir, dass du im Regenbogenland ganz viele Freunde gefunden hast und unbeschwert herumtoben kannst. Schade, Lino, das du nur kurze Zeit mein kleiner Bruder sein konntest.

Der Mantrailer-Azubi Maxx Hund meldet sich zum Einsatz!

Wieder zu Hause stellte sich der Alltag ein und auch mein Training als Mantrailer wurde fortgesetzt. An einem Sonntagmorgen irgendwo in Süddeutschland, kamen wir an einen Parkplatz mitten in einem

Wohngebiet an. Es waren schon mehrere Fahrzeuge abgestellt und eine Frau wartete aufgeregt auf Maxx, den Supertrailer. Mir wurde das Auto der vermissten Person gezeigt und ich schnüffelte an dem geschlossenen Kofferraum und nahm den Geruch auf. Zur Sicherheit rüsselte ich zusätzlich die Fahrertür noch kräftig ab. Ich war bereit ... Dann kam das »Zauberwort Maxx Trail« und losging es. Das Tolle dabei ist, dass die Menschen, die hinten an der Schleppleine hängen, selbst nicht wissen, wohin es geht. Wir trailten an Häusern vorbei, eine Biegung nach links und wieder die Straße runter, in Richtung Wald, wo ich ca. zwei Kilometern weiter die vermisste Person entdeckte. Der arme Mann lag auf einer Lichtung und wartete ungeduldig auf seine Rettung. Nachdem ich ihn ausgiebig abgeschlabbert hatte, kam er überraschend schnell auf die Beine. Und wie bei allen, die ich bisher gesucht und gefunden hatte, gab es auch hier reichlich Leckerli zur Belohnung.

Damit ihr nicht denkt, der Maxx verläuft sich und irrt wie wild durch die Landschaft. Nein, auf gar keinen Fall - die Person, die ich suche, ist meistens etwas verwirrt. Logisch, sonst würde sie sich ja kaum verirren und niemand müsste nach ihr schauen.

Stellt euch vor, ihr habt die Orientierung verloren und irrt kreuz und quer durch die Gegend. So einen Zweibeiner, der ohne meine Hilfe nicht mehr nach Hause findet, den Traile ich dann. Jeder Mensch verliert in einer Minute Tausende von Hautschuppen und bei der Zersetzung durch Bakterien entsteht der Individualgeruch. Dadurch erkenne ich die vermisste Person und weiß, wen ich suchen muss. Die Biester hängen überall auf der Straße und genauso gerne in Vorgärten herum – also die Hautschuppen, nicht die Leute.

Es ist eine tolle Sportart und die Menschen, haben keine andere Wahl, als dabei den Hunden zu gehorchen - und das ist auch gut so. Denn nur ich weiß durch meinen super Geruchssinn wo es lang geht.

Oje, meine Menschen tun es wieder ... und dann kam Lucca!

Zwei Monate später hörte ich gelegentlich, es wäre doch schön, wenn wir wieder so einen kleinen Welpen als Zweithund hätten.
Ich fand es damals, auch prima ein großer Bruder zu sein. Obwohl, wenn ich es recht bedenke, ein Leben als Einzelhund auch nicht zu verachten ist.
Zwar waren sich meine Menschen nach Linos Tod einig, sie wollten keinen Hund mehr ... *ABER*!
Auf dem Sofa liegend bekam ich Ohren, so groß wie Rhabarberblätter was tuschelten meine Menschen da?
Mir war aufgefallen, dass Frauchen immer öfter Bilder im Computer anschaute und dann Herrchen von einer Orga erzählte. Dass sie mit einer Sandra von diesem Verein in Verbindung stehe und ihr geschrieben habe. Frauchens Wunsch war, einem kleinen ruhigen Welpen ein Zuhause zu schenken. Herrchen wollte lieber einen erwachsenen Hund haben.
Wie selten im Leben, setzte sich Elke diesmal durch.
Aber es hatte ja keine Eile!
Eine Woche später war es dann soweit.

Jetzt wohne ich schon über drei Jahre bei meinem Rudel und in dieser Zeit hatte ich meine Menschen sehr gut lesen gelernt. Ihr könnt mir wirklich glauben, dass sie mir so leicht nichts vormachen. Nur manchmal habe ich mit Frauchens Körpersprache Schwierigkeiten - wenn sie tausend Sachen auf einmal erledigt.
Ich denke, da, geht es meinen Hundekumpels auch nicht anders.
Es war schon den ganzen Morgen so eine komische Stimmung bei den Zweibeinern. Ständig wurde auf das Handy geschaut. Als es endlich klingelte, wurde es unglaublich hektisch und betriebsam bei uns daheim.
Ich dachte noch: »Maxx, irgendetwas ist heute sehr eigenartig. Sie packten mich auf den Rücksitz des Maxxmobils und mir wurde das Autogeschirr angelegt.

Ihr müsst wissen, wenn ich sonst auf den hinteren Plätzen sitze, ist immer schon das ganze Auto voll«.

Normalerweise heißt es dann »Maxx, wir fahren in den Urlaub«. Komisch ...

Vor lauter Hektik hätte ich dann beinahe vergessen lautstark der Nachbarschaft Bescheid zu bellen.

Dann ging es in Richtung Autobahn.

Dabei wurde mir aber schnell langweilig und so pennte ich eine Runde. Ich wachte erst auf, als sie auf die Landstraße einbogen. Sofort war ich hellwach und sehr kommunikativ. Herrchen motzte mich an, weil er sich, angeblich wegen mir verfahren hatte. Es ist doch immer wieder schön, zu hören, dass ich an irgendetwas Schuld, bin.

Nachdem er die richtige Abzweigung erwischt hatte, fuhren wir in eine Einfahrt. Frauchen unterhielt sich kurz mit einem Mann und der meinte, sie sollte mich ein wenig im Garten spielen lassen. Aber da war niemand zum Herumtoben, also ging ich, genervt, zum Auto zurück.

Unverschämterweise fuhr in diesem Moment ein großes Fahrzeug, direkt vor das Maxxmobil.

Es versperrte mir total die Sicht, so dass ich den Verpflichtungen als Aufpasser auf meine Menschen, nicht nachkommen konnte.

Ich hörte seltsame Hundelaute und auch Frauchen klang sehr merkwürdig. Endlich hatte ich wieder den Überblick.

Aber da war niemand mehr im Hof. Eigenartig ...

Nach langer Zeit sah ich beide auf das Auto zulaufen und durfte dann endlich mein enges Gefängnis verlassen. Da ich ja meine Zweibeiner gefühlte vier Wochen nicht mehr gesehen hatte, brachte ich mich schreiend und bellend in Erinnerung.

Wir gingen wieder in den Garten. Dort bemerkte ich erst, dass Elke etwas Felliges auf dem Arm trug. Das konnte doch nicht wahr sein.

War das vielleicht die Überraschung, die sie mir versprochen hatte? Eigentlich hatte ich an irgendetwas Tolles zum Fressen oder Spielen gedacht?

Was mir da gerade zitternd seinen schwarzen Hintern entgegenhielt, war sicher nichts zum Kauen.

Oje, sie hatten es tatsächlich wieder getan und wollten den Zwerg ernsthaft mitnehmen.

Hatte ich es doch geahnt, die drücken mir wieder einen Bruder aufs Fell.

Ich war richtig sauer, einen auf Sippschaft machen, aber dann den Rudelführer nicht fragen.

Nachdem die Familienzusammenführung sehr zu wünschen übrig gelassen hatte, gingen wir zurück zum Auto.

Dann drängte sich Frauchen auch noch zusätzlich auf *meinen* Rücksitz und legte sich den Zwerg auf ihren Schoss. Wie ich mittlerweile erfahren hatte, sollte das undichte kleine Ding »Lucca« heißen. Der glotzte mich doof an, gähnte und schlief danach sofort ein. Was für ein Langweiler, dass konnte ja heiter werden.

Die ganze Heimfahrt, die zu allem Elend auch noch über eine von mir verhasste kurvenreiche Landstraße führte, ignorierte ich das restliche Rudel. Auch auf der gemeinsamen Gassirunde blieb ich hart.

Ganz ehrlich ... so ging das nicht!

Als wir daheim waren, stiegen zuerst Herrchen und ich aus. Dann erst durfte Frauchen und der »Neue« das Auto verlassen.

Schnell merkten sie, dass ich, ihr König Maxx der Erste, nicht gewillt war ihre Eigenmächtigkeiten zu tolerieren. Nach einer Weile und mehreren Bestechungsversuchen später, habe ich mich doch erbarmt und eine Kleinigkeit gefressen.

Wieder hatte ich etwas gelernt: Wenn deine Menschen ein schlechtes Gewissen haben, dann lehne die ersten fünf Speisen voller Verachtung ab. Spätestens jetzt stehst du im Mittelpunkt und es folgen die besten Sachen, die der Kühlschrank hergibt. Da ich aber ein

verfressener Labbimix bin, hatte ich schon nach dem dritten Teil meinen Protest kurzfristig aufgegeben.
Ich war zwar immer noch sauer, aber der Kleine schleckte mich die ganze Zeit ab, um mir zu zeigen, wie sehr er mich mochte.

Der Zwerg hatte sich diese schreckliche Familie ja auch nicht freiwillig ausgesucht.
Irgendwie fand ich das voll süß - damals.

Heute würde ich bei meinem ebenso verfressenen Bruder dem Kronprinzen »Lucca der Erste,« allerdings behaupten, dass er mich abgeschlabbert hatte um noch Bratenreste bei mir zu finden.

Gestatten Hund - Lucca Hund.

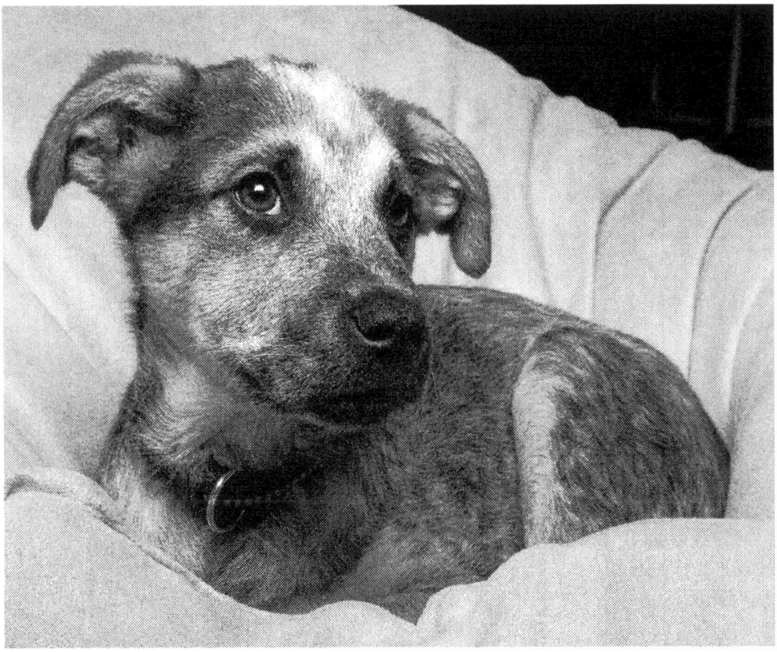

Nachdem ihr Maxx und Lino schon kennengelernt habt, bin ich jetzt endlich mit erzählen an der Reihe.
Ich wurde mit meiner Mama und zwei Geschwistern in der Nähe von Bistrita in Rumänien gefunden.
Alles was vorher war, entspricht dem Wunschdenken der Menschen.

Aber es könnte so gewesen sein ...

Meine Mama, Denisa, war ein Straßenhund. Von Lino wisst ihr ja schon, dass es nicht allen Hunden so gut geht wie uns hier in Deutschland.
Eines Tages war sie wieder auf Futtersuche und sah sich vorsichtig um, ob keine bösen Menschen in der Nähe waren und ihr wehtun könnten.
Von weitem sah sie einen wunderschönen Rüden, der langsam näher kam und sie beschnupperten sich

ausgiebig. Weil Denisa so anziehend roch, blieb es nicht beim Beschnuppern.
Die nächsten zwanzig Minuten hingen sie aneinander und so wurden wir mit viel Liebe gezeugt.
Sie verbrachten eine schöne Zeit miteinander, aber als wir Welpen auf der Welt waren, hatte unser Papa nicht mehr viel Lust einen auf Familie zu machen.
Unser Erzeuger musste sich schließlich noch um die anderen Hündinnen kümmern - ein Casanova eben.
Mein Papa, Vito, hatte einen festen Wohnsitz und in seiner Nachbarschaft wohnte Emilia, eine tierliebe Frau.
Sie versuchte, uns anzulocken aber Mama, die mit Menschen schlechte Erfahrungen gemacht hatte, war am Anfang sehr ängstlich.
Wir waren viel auf der Straße unterwegs gewesen, um nach Fressen zu suchen. Leider oft vergeblich.
Als Mama vor lauter Hunger keine Milch mehr für uns hatte, ging sie das Risiko, wieder enttäuscht zu werden, ein. Langsam schlichen wir uns in den Hof von Emilia, Denisa schaute sich vorsichtig um.
Zu ihrer Beruhigung kam Vito vom Nachbargrundstück hergelaufen und bellte ihr, dass die Frau eine ganz liebe sei, und sie und ihre Babys bei ihr gut aufgehoben wären.
Als wir noch ein Stück weitergingen, stand an einem schattigen Platz eine volle Futterschüssel und frisches Wasser.
Jeden Tag wurden wir mutiger und fassten schließlich Vertrauen zu ihr.
Als Emilia uns aufnahm, waren wir ca. acht Wochen alt und sie gab uns allen einen Namen.
Ich war Pepper, graumeliert und mit einem großen schwarzen Fleck am Hintern ... übrigens genau wie Mama. Dann gab es noch meinen Bruder Salty und Schwesterchen Sugar, die beiden sind helle Welpen.
Wir verbrachten eine schöne Zeit bei unserer Pflegemama und erlebten zum ersten Mal, das es auch liebevolle Menschen gibt.

Mit vier Monaten kamen Mama und wir drei Welpen nach Deutschland, und jeder sollte eine eigene Familie bekommen.
Die Fahrt von Rumänien in die neue Heimat war gar nicht schlimm, denn ich war mit Salty zusammen in einem großen Käfig untergebracht. In der Box daneben befanden sich Sugar und Denisa. Eine andere Hündin mit ihren Welpen und noch zwei erwachsene Hunde waren auch mit im Transporter, so wurde es uns nicht langweilig. Alle vier Stunden bekamen wir Wasser und Futter. Da ausreichend Platz war, konnte ich es mir bequem machen und so lauschte ich den Erzählungen meiner Mama.
Emilia, unsere Pflegemama, hatte ihr bei einem tränenreichen Abschied erzählt, dass der Verein, der uns vermittelte, sehr darauf achtete, wer uns adoptierte. In Deutschland würden wir alle zu lieben Menschen kommen und nie mehr Hunger und Durst haben. In diesem Punkt sollte sie sich aber noch irren - *ICH, der Lucca,* habe immer Kohldampf und könnte auch den ganzen Tag fressen.
Nein, nicht so doofe Sachen wie Socken oder Schirmhüllen, so wie es der Maxx gemacht hatte, sondern selbstverständlich nur richtig gutes Futter.
Na ja, ein paar nicht essbare »Kleinigkeiten« habe ich dann in meinem weiteren Leben doch noch ausprobiert.
Aber ich hundle schon wieder vom Thema ab und belle von Hund und der Welt.
Auch die längste Fahrt geht einmal zu Ende, und so kamen wir an unserem Zielort irgendwo in Deutschland an. Nachdem in der Box der Chip von jedem einzelnen Tier ausgelesen war, kamen wir nacheinander in einen ausbruchsicheren Raum.
Mir fiel gleich eine Frau auf, die voll peinlich war.
Als ein grauer Hund raus gegeben wurde, hat sie das Heulen angefangen und immer wieder gesagt ... *»Das ist er, das ist mein Lucca«.*

Wenn das Erste, was Hund von Deutschland sieht und hört, eine kreischende Frau ist – ehrlich Leute was soll ich armer kleiner Welpe davon halten? Um es kurz zu machen, der Graue war ein Weibchen und erwachsen. Ich dachte noch: »Lass dieses sabbernde Etwas nicht mein neues Frauchen sein.
«Glück muss Hund haben ... *SIE war es«!*
Herrchen bedankte sich mit einem großzügigen Trinkgeld bei den netten Fahrern, die uns sicher von Rumänien nach Deutschland gebracht hatten. Nachdem wir alle ausgeladen und in einem ausbruchsicheres Zimmer waren hat er mir gleich ein Geschirr und ein GPS angezogen.
Meine Menschen haben mir auch einen neuen Namen gegeben.
Pepper war gestern, Lucca ist heute.
Und wie es sich gehört »Lucca« mit zwei C!
Aber sie sollten noch früh genug merken, dass mein erster Name besser zu mir gepasst hatte.
Und dann kam der wichtigste Moment für meine Adoptiveltern - ich sollte Maxx, meinen Bruder, kennenlernen. Frauchen nahm mich auf den Arm und Herrchen holte einen großen schwarzen Hund aus dem Auto. Der freute sich so sehr, dass er seine Menschen endlich wieder sah.
So wie der sich aufführte, hatten die ihn bestimmt wochenlang irgendwo eingesperrt. Bald sollte ich allerdings merken, dass Maxx auch nach einer kurzen Trennung, immer so ein Theater macht.
Und mich kleinen Kerl ignorierte er total.
Ich glaubte es nicht, wie war der denn drauf - na warte, Freundchen, dich wickele ich auch noch um die Pfoten.
Als wir in meinem neuen Zuhause ankamen, war erst mal Ruhe angesagt. Maxx beachtete mich die nächsten zwei Tage so gut wie gar nicht, aber das nützte dem sturen Bock überhaupt nichts. Ich dagegen war sehr lieb zu ihm und irgendwann konnte er sich meinem tollpatschigen Welpencharme nicht mehr entziehen.

Maxx gefiel es total, dass ich ihn ständig abschlabberte und so worden wir bald die besten Freunde.

Nach ein paar Tagen musste ich dann zur Erstuntersuchung bei »Professor Doktor Maxx Hund« antreten. Das erste was ich sah, war ein langes Teil, das um seinen felligen Hals hing. Damit wurden die Herztöne abgehört. Auch in die Ohren und ins Maul hat er mir geschaut.

Nachdem ich alles anstandslos über mich ergehen ließ, war Professor Hund sehr zufrieden mit meinen Gesundheitszustand. Nur dass ich manchmal noch etwas undicht war, bemängelt er. Obwohl alles in Ordnung war, hatte ich einen weiteren Termin bei einem Spezialisten.

Aber auch die Frau mit dem weißen Kittel war begeistert von mir. Anschließend unterhielten sich die Menschen über mich. Da hörte ich das erste Mal das Wort »Pflegestelle«. Zuerst dachte ich, vielleicht soll ich den Maxx pflegen - oder so. Nein es war viel schlimmer.

Ich stellte meine kleinen Welpenohren voll auf Empfang aber was ich da belauschte, gefiel mir kein bisschen. Sie seien noch am überlegen, ob ich bei ihnen bleiben dürfe! Oje das klang gar nicht gut.

Wie konnte ich ihnen nur beweisen, dass ich der beste Lucca der Welt« war? Dass ich genau der Hund war, den sie schon immer gesucht hatten?

Die folgenden Tage war ich laut Frauchen ein richtiger Schatz. Ich habe mir auch sehr viel Mühe gegeben, um sie davon zu überzeugen, dass ein Leben ohne mich absolut sinnlos ist. Maxx musste ich auf jeden Fall auf meine Seite ziehen – weil ohne den Dicken ging gar nichts. Er inhaliert ja immer sein Futter und schaut dann ganz neidisch auf meines. Ich dagegen nehme ein paar Happen ins Maul und lege sie vor mich hin, um sie dann in Ruhe zu fressen. Der Blick von Maxx sagte mir, dass er sie haben wollte. Natürlich habe ich sie ihm »gerne « gegeben – aber nur, solange bis die Tinte unter dem endgültigen Abgabevertrag trocken war!

Die Ohren habe ich ihm auch gründlich sauber gemacht. Darüber hat sich Frauchen gefreut und gemeint, das wäre auch nötig.

Denn Maxx würde öfter unter *Bedarfstaubheit* leiden. *Das ist übrigens eine weit verbreitete, ansteckende Hundekrankheit!*

Wenn Herrchen nach Hause kam, freute ich mich immer ganz toll. Ich warf mich auf den Boden und habe die volle Show abgezogen. Da wackelte der ganze Lucca und alle waren begeistert von ihrem kleinen Clown.

Ihr seht, ich habe alles richtig gemacht, denn ich wohne noch immer bei meinem Rudel.

Und das, obwohl sich mein Benehmen in der nachfolgenden Zeit geringfügig verändert hatte ...

Hundeschule, ich komme ...

Nach zwei Wochen sind wir zum ersten Mal in den Welpenkurs gegangen, natürlich in die Hundeschule zu Tina.

Eigentlich dachte ich ja, am ersten Schultag bekomme ich eine große Welpentüte mit vielen Leckerlis drin. Selbstverständlich hatte *ich* erwartet, dass Maxx mitkommt und mich an die Pfote nimmt.

Aber nein, fast hundeseelenallein musste ich diesen bedeutenden Teil meines Lebens gehen. Nur Frauchen begleitete mich, an dem für mich so wichtigen Tag. Wir machten Stadttraining und da kam gleich der Schisserlucca in mir zum Vorschein.

Da ich ja Lucca mit Migrationshintergrund bin, kannte ich nur sehr wenig von der neuen Welt. Ohne die Hilfe meines großen schwarzen Bruders fühlte ich mich saumäßig, unwohl. Ich hatte eine solche Angst, dass ich die Menschen und die fremden Hunde, die auch in der Schule waren, angebellt habe.

In Rumänien hatte ich von meiner Mama gelernt, dass ich am besten sofort die Klappe aufreißen sollte, wenn mir etwas Angst macht. Das würde meistens helfen und alle würden zu dem »bösen Hund« Abstand halten. Also setzte ich das auch hier in die Tat um.

Da es nur eine ganz kleine Stadt ist, war wenig los und wir konnten um die anderen einen Bogen gehen. Wir beobachteten das Training nur von weitem, da ich mich zuerst beruhigen musste. Meine Aufregung war riesengroß. Als ich anfing zu zittern, nahm Frauchen mich auf den Arm. Ich kuschelte mich ganz fest an sie und schleckte sie dankbar ab.

Übrigens, Sie findet es überhaupt nicht toll, wenn Hunde auf den Arm genommen werden. Sie fragt auch gerne mal nach, ob die lieben Kleinen nicht laufen können. Aber bei mir war es natürlich total in Ordnung. Wir haben den »Unterricht« dann beendet und sind nach Hause gefahren.

Leute, ich kann euch gar nicht laut genug bellen, wie glücklich ich war, wieder bei Herrchen und dem Maxx zu sein. Daheim war ich ein aufgeweckter Welpe, der nichts als Blödsinn im Kopf hatte. Draußen war ich oft der absolute Schisser, aber um das zu ändern sind wir, regelmäßig in die Schule gegangen, wo ich das Hundeeinmaleins lernen sollte.

Einmal waren wir im Wald und ich muss gestehen, dass ich mich manchmal schon ein wenig doof anstellte. Da war zum Beispiel mitten im Gelände ein Fuchs, den habe ich furchtbar angeknurrt. Als von ihm keine Reaktion kam, nahm ich meinen ganzen Mut zusammen. Obwohl mein kleines Herz heftig schlug, wollte ich kein Schisserlucca mehr sein. Der Fuchs war riesig und komisch, roch aber wie die Leckerlibäume auf denen so gute Sachen wachsen.

Vorsichtig bewegte ich mich noch weiter auf ihn zu. Immer bereit, mich todesmutig auf ihn zu stürzen. Das tapfere Frauchen hat ihn gestreichelt und ihm dann ein Stück Käse gegeben. Wenn die sich das traut, kann der Fuchs ja auf keinen Fall böse sein - oder? Der wollte das Gutti aber nicht - dann habe ich es halt gefressen. Elke war so stolz und hat mich ganz arg gelobt. Tina, unsere Trainerin, erklärte den Menschen, dass die Holztiere am Anfang immer etwas bedrohlich auf die Welpen wirken. Aber für den Gleichgewichtssinn und das Selbstvertrauen seien sie prima geeignet. Und wie wir bei Lucca gesehen haben, mit viel Geduld und Belohnung funktioniert das immer. Wir gingen dann weiter, da war eine Eidechse, auf deren Rücken konnte Hund sogar sitzen. Wir machten noch ein paar Übungen und schon war die Stunde wieder zu Ende. Mit meinen Mitschülern kam ich auch besser aus und so freute ich mich jedes Mal, etwas Neues zu lernen.

Am meisten Spaß machte mir »Touch«, diese Übung fand ich toll. Der Vierbeiner berührt einen Gegenstand und bekommt dafür ein Leckerchen.

Der Zweibeiner nimmt den Target-Stick, das ist ein Teleskop-Zeigestab und den Clicker in die eine Hand

und die andere wird für das Überreichen des Futters freigehalten. Das lange Teil wird uns Hunden vor die Nase gehalten und sofort geklickert. Danach kommt das Beste von allem - richtig tolle Leckerlis.
Zumindest macht es »Otto - Normal - Hundehalter« so – wir aber nicht. Bei uns geht das folgendermaßen: In der linken Hand hält Frauchen den Target-Stick und um den Hals an einem Band hat sie den Clicker. In der rechten Hand befanden sich die Leine und das Leckerli.
Jetzt war Elke schon leicht überfordert, als sie mir mit einer Hand zitternd den Stab vor die Nase hielt. Als sie dann auf den Clicker drückte, fiel ihr die Wurst auf den Boden.
Die andere Trainerin, Nelly, konnte das Elend nicht mehr mit ansehen und erklärte ihr, dass im Target-Stick ein Clicker eingebaut war.
Nach einer Übungsstunde, die Frauchen irgendwie schweißgebadet hinter sich gebracht hatte, meinte sie: »Dieses Clickern, das ist nichts für uns«.
Dann hatte sie eine Idee, wie wir das trotzdem hinkriegen.
Sie hält mir die Hand hin und sagt »Touch« und ich bekomme meine Belohnung - geht doch!
Das Ganze haben wir dann Zuhause gemeinsam mit Maxx geübt. Um die Sache schwieriger zu machen, hat sie uns alle möglichen Gegenstände vor die Nase gehalten, die wir dann angestupst haben.
Da ich ein schlauer Lucca bin, wollte ich es alleine probieren und machte »Touch« bei der Keksdose in der Küche. Dafür musste ich mich nur ein wenig strecken und wie wir es gelernt hatten, das Teil berühren. Ich war so klasse, denn als Belohnung bekam ich ordentlich Leckerlis aus der Dose.
Leider war die anstrengende Arbeit nicht ganz lautlos, denn das blöde Ding hatte laut gescheppert, als es auf den Boden fiel. Frauchen begab sich mit Maxx in die Küche und der Dicke schenkte mir sofort einen dankbaren Blick. Auch so etwas wie Stolz auf seinen cleveren Bruder konnte ich erkennen. Aber bevor wir

noch richtig loslegen konnten, bekamen wir von unserer undankbaren Elke Küchenverbot. Nach dem sie die leere Dose wieder aufgefüllt hatte, wurde das Rüsseltier damit gefüttert.

Hiiiilfe - ich konnte es nicht fassen, und hinschauen schon gar nicht. Ausgerechnet ich, der Luccasuperbodensaubermacher, bin meinem Rudel nicht ordentlich genug. Laufen die doch mit so einem lauten Teil durch die Wohnung und nennen es dann »saugen«! Im Einsaugen bin ich übrigens spitze, in Fachkreisen werde ich auch Lucca - Spaghetti, das Supertalent, genannt! Nett wie ich bin, verrate euch den Trick: Also, wenn ihr eine lange Nudel kriegt, ist es, ganz wichtig die nicht zu kauen. Ihr müsst sie ganz schnell in euch reinsaugen, inhalieren sozusagen. Flutsch und weg isse!

Als wir zwei am Anfang mit Frauchen zusammen Gassi gingen, sah das immer sehr lustig aus. Sie schnallte sich eine Joggingleine um und Maxx kam an die normale Leine. Bis sie alles festgeschnallt und ihre Bauchtasche umgebunden hatte, dauerte es ewig. Nach eigenen Angaben sah sie dann aus wie eine abgebundene Leberwurst.

Da unser Rudel ja durch mich Verstärkung bekommen hatte, mussten wir erst lernen, gemeinsam zu laufen.

Bei manchen Hundehaltern funktioniert das bestimmt sofort, aber bei uns leider nicht.

Das müssen wir noch kräftig üben.

Ich bin halt in vielen Dingen ein Schisserlucca und wenn ich meine gefürchteten fünf Minuten bekomme, dann wird es echt anstrengend für sie. Sie war immer froh, wenn Herrchen mitkam, und jeder einen Hund an der Leine hatte.

Durch meine Vorgeschichte kannte ich vieles gar nicht. Emilia von der Pflegestelle in Rumänien hatte sich liebevoll um uns gekümmert. Aber so wie ihr es bei Maxx gelesen habt, waren die Gegebenheiten bei ihr leider nicht.

Täglich stellten wir uns den Herausforderungen und ich lernte schnell dazu.

Damit auch ich frei herumrennen durfte, war Schleppleinentraining angesagt. Da der Dicke für ein Leckerli alles macht, hört er sehr gut, wenn er gerufen wird. Das habe ich dann genauso gemacht und mir bei jedem » Maaaaxx – Luuuucca zu mir« eine Belohnung abgeholt.

Ein paar Wochen später fielen mir morgens beinahe die Augen aus dem Kopf. Was kamen denn da für lustige weiße Flocken vom Himmel? Da ich erst im November zu meinem Rudel gekommen war, hatte ich noch nie Schnee gesehen.

Ich war so begeistert, dass ich vergaß, auf Herrchen zu hören. Und wenn Hund nicht hört, dann muss er eben fühlen bzw. in meinem Fall sofort wieder an die Leine. Aber nur kurz und dann konnte ich weiter mit Maxx herumtoben.

Als ich gerufen wurde, habe ich selbstverständlich sofort gehört.

Leider hatte der Spaß dann ein Ende, weil es Frauchen kalt war und Herrchen Frühstücken wollte.

Fotografieren mit Herrchen ... was für ein Spaß!

Fast jeder Hundebesitzer kennt das schöne Gefühl, wenn er seine lieben, geduldigen Hunde fotografiert. Wenn dann noch so ein süßer kleiner Welpe in die Kamera lacht - Menschenherz was willst du mehr?
Das ist bei uns leider nicht so.
Das Einzige was wir perfekt beherrschen, ist das Spiel: Einer bewegt sich immer.
Wenn dann zum ganzen Spaß, noch ein genervtes Frauchen dazu kommt, kennt die »Glückseligkeit« eines Fotografen keine Grenzen. Es muss ja auch so viel beachtet werden, das richtige Licht, das GPS darf nicht drauf sein und wir zwei Hunde sollen glücklich in die gleiche Richtung schauen.

Ein paar Wochen später hatten wir uns mit Xyra und ihren Menschen verabredet.
Bei der Wanderung kamen wir an einer offenen Grillhütte vorbei. Herrchen hatte sofort eine seiner kreativen Ideen für schöne Bilder.
Was er leider nicht hatte, waren zwei geduldige Hunde. Denn er hatte ja Lucca und mich.
Er dachte, prima, da sind drei offene Fenster und aus jedem schaut einer der lieben, gut erzogenen Vierbeiner heraus!
Das war seine kreative Idee.

Xyra ist wirklich eine ganz Brave, aber da waren ja noch wir, seine eigenen Hunde.
Die Menschen mussten sich in der Grillhütte unsichtbar machen - also ab auf den Boden. Wir Hunde dagegen sollten auf der Bank stehen und wenn möglich, fröhlich zu den nicht vorhandenen Fenstern hinaus blicken.
Theoretisch war es ein ganz toller Plan, aber leider sah die Praxis ganz anders aus.
Praktisch scheiterte es aber nur an ein paar Kleinigkeiten.

Lucca rutschte von der Bank und fiel zum Glück weich auf das am Boden liegendes Frauchen. Herrchen sprach mich persönlich mit »Maxx schau« an – kurz überlegte ich noch, was er mir damit sagen wollte. Dann sprang ich mit einem Satz durch das offene Fenster und warf dabei fast die Kamera, die auf einem Stativ stand, um. Seinem Geschimpfe nach zu urteilen, hätte ich ihn wohl nur anschauen sollen und auf meinem Platz bleiben müssen.
Wie so oft im Leben gibt es halt immer wieder kleine Missverständnisse.
Nur Xyra hatte es verstanden.
Sie wartete geduldig, bis sich ihre Menschen ebenfalls vom Boden erhoben hatten.
Wir liefen anschließend noch eine Weile in der Gegend herum, bis wir zu einer Weinberghütte kamen. Da hat es Herrchen dann zu seiner Freude geschafft, ein Bild von Xyra und mir dem tollen Maxx, zu machen.
Lucca hat lieber ein Loch gebuddelt.
Das fand er viel spannender als die doofe Knipserei.

Xyra und Maxx... sind wir nicht ein hübsches Paar?

Da wir ja jetzt zu zweit unsere Menschen in Bewegung halten, werden wir euch gemeinsam von unseren Erlebnissen berichten.
Ich, der Maxx, bin ja schon dreieinhalb Jahre alt und da sieht Hund manches anders als die Hundejugend von heute.
Und ich, der Lucca, belle euch, was ich dazu beitrage, damit es meinem Rudel nicht langweilig wird.

Maxx und Lucca: Auf dem Hasenfeld, da kann Hund etwas erleben!

LUCCA:

Eines Morgens sind wir auf das Hasenfeld gefahren. Darüber braucht ihr euch nicht zu wundern, denn bei uns haben alle Felder so komische Namen.

Auch die Hoppler heißen bei unseren Rudelmitgliedern nicht einfach »Hasen«, so wie es bei normalen Menschen üblich ist, - sondern »Ostern«.

Der Alltag begann, und wir mussten mit Frauchen oft alleine Gassigehen. Sie dankte jeden Tag dem Erfinder der Joggingleine, denn so hatte sie für den Dicken, wie ich in heimlich nannte, die Hände frei.

Fröhlich gingen wir Vierbeiner unserer Wege, nur SIE zerrte schimpfend an uns herum.

Als sie sich bückte, um meine Hinterlassenschaft, in einer Tüte verschwinden zu lassen, passierte es.

Maxx sah plötzlich zwei von diesen »Ostern«, die ihn lauernd und blutrünstig anschauten.

Das konnte er sich selbstverständlich nicht gefallen lassen und wollte hinterherrennen.

Ihr ahnt es bestimmt schon ... auch dieses Mal hing Frauchen noch hinten an der Leine dran. Erst hatte sie nur eine leichte Schräglage, aber bei Maxx seinen fast vierzig Kilo Kampfgewicht und einem serienmäßig eingebauten Vierpfotenantrieb fiel sie dann doch recht schnell in die unstabile Seitenlage.

Ich machte einen Sprung zur Seite und nur meinen reaktionsschnellen Verhalten war es zu verdanken, dass Klein-Lucca jetzt nicht platt ist.

Maxx warf einen kurzen Blick auf uns und als er kein Blut sah, setzte er die Verfolgung der Hasen fort. Als er sie fast erreicht hatte, teilten die Biester sich auf. Er musste sich blitzschnell entscheiden, welchem der beiden »Ostern« er nachrennen wollte.

Mittlerweile hatte Frauchen sich von dem Schreck erholt und stand wieder gerade.

Ich kann euch bellen, die war ganz schön sauer auf den Dicken. Sie wedelte heftig, mit den Armen rief zweimal: »Maaaaxx, kehr um«!

Was sahen meine verblüfften Welpenaugen? Er drehte tatsächlich um und rannte mit einem enttäuschten Blick auf uns zu. Und was macht SIE in dem Moment? Ich dachte, ich muss aus dem Fell fahren!

Sie schmiss eine Leckerliparty und belohnte ihn für sein Erscheinen auch noch.

Diesmal hatte er verdammtes Glück gehabt, dass Frauchen die Waldorf - Methode anwendete. Ihr kennt das nicht? Wenn ein Hund freiwillig zurückkommt, dann muss sich euer Zweibeiner ganz arg darüber freuen. Egal, wie beschissen der Vierbeiner sich vorher benommen hat.

Das zum Thema »Wie erziehe ich einen Hund«!

Leute, wenn ich ein großer Lucca bin, werde ich auch ein erfolgloser Hasenjäger und lade alle meine Hundekumpels zur Party ein.

Ischias ... unser nerviger Begleiter.

Ein paar Tage später war Frauchen unaufhörlich am Jammern und Klagen - sie hatte sich den Ischiasnerv eingeklemmt. Obwohl wir nichts dafür konnten, hatten wir ein Problem. Sie konnte nur noch einzeln mit uns laufen. Also fuhren wir mit dem Maxxmobil zum Gassigehen. Dort angekommen, wurde immer einer zwischengeparkt.

Voll nervig, die doofe Warterei.

Aber weil ich ein kleiner Kerl war, hatte ich es immer besonders eilig zum pisseln. Maxx musste warten und auf das Auto aufpassen. Ich habe dann wie gewünscht alles erledigt, wollte aber trotzdem noch ein wenig die Gegend erkunden. Da Frauchen unter Bedarfsstarrsinn leidet, machte ich sie durch einen kräftigen Ruck darauf aufmerksam. Ein Stöhnen wegen ihres Rückens war die Antwort.

Warum, frage ich euch, muss der blöde Ischiasnerv auch mit uns laufen. Wenn das Ding so nervig ist, wieso lässt sie den nicht einfach zu Hause? Ich wurde, trotz meines massiven Widerstandes, auf den Rücksitz des Autos verfrachtet. Als sie mit Maxx unterwegs war, wurde mir schnell langweilig und ich untersuchte das Innenleben des Nissans.

Ehrlich, ich habe nur einmal an den Deckenleisten herum geknabbert und schon konnte Hund sie bis nach vorne abziehen. Als die beiden zurückkamen und Frauchen sah, was ich zur Verschönerung des Maxxmobils beigetragen hatte, fielen sehr unschöne Worte. Um es deutlich zu bellen, sie war stinksauer auf den kleinen, lieben Lucca. Zum wiederholten Male drohte sie mir mit meiner Abschiebung nach Rumänien.

Pech gehabt! Das hätte sie sich früher überlegen müssen. Die Spaßbremse hatte dann die Plastikteile mit einer Schnur nach oben gebunden. Das sah vielleicht lustig aus, mit den kleinen Schleifchen.

Am Mittag dann das gleiche Spiel - Lucca alleine auf der Rückbank. Vorher hatte sie mir unter Androhung von Strafe mitgeteilt, dass ich es nicht wagen solle, an den Leisten herum zu knabbern. Nachdem ich ihnen brav hinterhergeschaut hatte, bewegten sich auf einmal diese bösen Dinger und drohten mir auf den Kopf zu fallen. Vor lauter Angst biss ich, in die Schnur an denen sie befestigt waren. Blöderweise hingen sie jetzt genauso nach unten wie am Vormittag.

Ich konnte echt nichts dafür, und in diesem Moment wünschte ich, mir Frauchen würde mehr hündisch verstehen.

Ich hatte mich schließlich an unsere Abmachung gehalten. Ihr glaubt nicht, wie sauer sie trotzdem war. Sie wollte mich doch tatsächlich verschenken!

Aber ihr Gemotze war total unnötig, denn mein Herrchen befestigte die Teile abends wieder und alles war gut. Als der Ischias immer noch nervte, hatte sie sich eine Jantramatte gekauft. Das ist so ein

Nagelbrett für Arme und soll gut bei Rückenschmerzen helfen. Sie begab sich ins Schlafzimmer und legte sich mit dem nackten Rücken auf die spitzen Nagelteile aus Plastik, vorsichtig natürlich. Ihre Meditationsmusik genoss sie entspannt bei geschlossenen Augen.
Sie machte »Oooooom« und war kurz vor dem Einschlafen.
Weil Maxx und ich uns Sorgen machten, liefen wir zu ihr rüber. Wir sahen sofort, dass ihr Zustand beängstigend war, denn sie lag bewegungslos auf dem Bett. Wir zögerten keine Sekunde und wollten Frauchen retten. Also hüpfte ich auf sie drauf und Maxx sprang gleich hinterher.
Hund sei Dank – sie lebte noch.
Nachdem ihr Schmerzensschrei verklungen war, beschlossen wir, Erste Hilfe zu leisten. In dieser ersten Lage kam nur Nase zu Mund Beatmung in Frage.
Aber ihre undankbare Art ließ uns sofort wieder damit aufhören. Anstatt lieber Worte oder einer Schüssel voller Leckerlis wurden wir nur wütend angemotzt.
Sie bewegte sich langsam aus dem Bett und betrachtete im Spiegel entsetzt ihren Rücken. Der sah aus, wie ein Rücken halt so aussieht, wenn »Frau« auf lauter runden, spitzen Teile gelegen hatte. Da aber kein Blut floss, war es bestimmt nicht so schlimm und sie übertrieb wieder maßlos.
Der blöde Ischiasnerv, der an allem schuld war, wohnte noch längere Zeit bei Frauchen, deswegen musste ich noch ein paar Mal alleine im Auto warten.
Sie war jedes Mal froh, wenn sie mein Protestgeheul aus dem Wagen hörte. Sie dachte, solange ich lautstark jammerte, könne ich auch keinen Schaden anrichten.
Eine Woche lang ging es gut.
Sie ließ den Kofferraumdeckel offen, damit ich ihnen eine Weile auf dem Feld hinterhersehen konnte.
Dies war nur bedingt eine gute Idee, denn je weiter sie sich entfernten, desto mehr Sehnsucht bekam ich nach meinem Rudel.

Mir blieb dann nichts anderes übrig, als die hinteren Kopfstützen anzunagen.

Die waren mir beim rausschauen total im Weg und deshalb habe ich sie etwas flacher gemacht. Prima ... so war es viel besser! Details über das anschließende Wiedersehen mit IHR will ich euch besser verschweigen.

Weil sie keine billigen Autobezüge fand, um das Loch zu verdecken, musste schnell etwas Passendes her. Da hat mein einfallsreiches Frauchen lauter kleine Eimer über die drei Kopfstützen gehängt. Mit den Bügeln hat sie die Behälter festgemacht. Das sah zwar lustig aus, war aber für mich, wie ich bei einem Versuch feststellte - lebensgefährlich. Das blöde Ding ist mir auf den Kopf gefallen und hat mich beinahe erschlagen. Dank der Metallbügel blieb es zum Glück hängen.

Bestimmt hätte ich sonst schwere Kopfverletzungen davon getragen.

Unverantwortlich, wie in dieser Familie mit hilflosen Welpen umgegangen wird.

Von den doofen Teilen habe ich dann endgültig die Pfoten weggelassen.

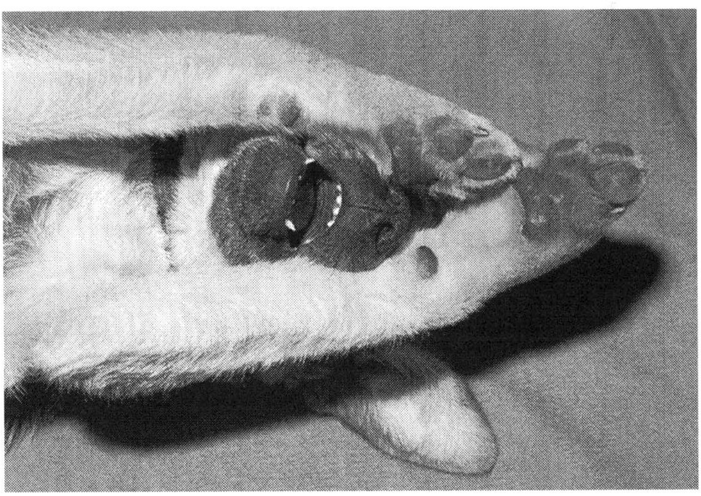

Lucca: Ich werde auch der Einbrecherschreck genannt!

Wie im richtigen Leben gibt es von ein und demselben Erlebnis unterschiedliche Auffassungen und demnach verschiedene Versionen.
Die Maxx - Geschichte ist in zwei Sätzen erzählt und gut ist: Lucca ging in das Schlafzimmer und zerriss das Kopfkissen vom Frauchen. Als sie den Schaden sah, bekam sie kurz Schnappatmung und ihr Gesicht nahm eine etwas ungesunde Farbe an.
Habe fertig!

Bei Lucca dauert die Geschichte sehr viel länger, aber lest selber:

Zuhause passe ich immer auf Maxx und die Wohnung auf, wenn die Menschen Futter verdienen, sind.
Mein Stammplatz ist, das Wohnzimmerfenster. Von da habe ich den vollen Überblick.
Ich schaute eines Morgens zum Fenster raus und sah einen weißen Lieferwagen in der Einfahrt stehen. Zwei Männer stiegen aus, der eine nahm eine große Leiter vom Autodach.
Kurzzeitig musste ich meinen Platz verlassen, um durch die geschlossene Wohnungstür für Ordnung im Treppenhaus zu sorgen.
Als in unserem Mehrfamilienhaus wieder Ruhe einkehrte, begab ich mich zwecks Observation zurück zum Fensterplatz.
Der Lieferwagen stand noch da, aber die Männer waren verschwunden. Dann hörte ich aus dem Schlafzimmer zwei Stimmen. Eine flüsterte: »Wo ist das verdammte Kissen«?

Ich schaute Maxx an und er gab mir zu verstehen, dass auch er verdächtige Geräusche gehört hatte. Wir schlichen auf leisen Pfoten hin, um nachzusehen, was dort los war.

Ein Blick genügte und Maxx stürzte sich auf den einen Einbrecher und vertrieb ihn, indem er ihm kräftig in den Hintern zwickte.
Ich, Lucca der Einbrecherschreck, bewegte mich todesmutig auf den zweiten Täter zu und konnte ihm in einem heftigen Pfotengemenge das Kopfkissen entreißen.
Es gab bei unserem heldenhaften Einsatz leider Verluste zu beklagen. Bedauerlicherweise hatte es das Kissen nicht überlebt. Die kleinen Federn flogen ein letztes Mal in die Luft, bevor sie sich komplett in der Wohnung verteilten.
Als Frauchen mittags nach Hause kam, verdächtigte sie als erstes mich.
Aber auch Maxx hat sie kräftig angebellt, weil er es nicht verhindert hatte.
Sie machte Beweisfotos, die sie Herrchen schickte. Der regte sich auch tierisch über seine missratenen Hunde auf, die alles kaputt machen.

Sie beschlossen, den Fall dem Hundegericht zu übergeben - Anklage wegen Sachbeschädigung.
Ich schwöre auf das Leben meines Lieblingsknochens, dass ich unschuldig bin.
Drei Tage später war die nicht öffentliche Sitzung.
Den Vorsitz hatte die ehrenwerte Richterin Irina Pudel.
Die zwei Schöffen waren Heribert Rottweiler und Karla Mops.
Nach Schilderung des Falles und Anhörung des Zeugen Maxx Hund, der allerdings von seinem Zeugnisverweigerungsrecht Gebrauch machte, wurde die Verhandlung aus Mangel an Beweisen geschlossen.

Im Zweifel für den Angeklagten, oder wie wir Lateiner bellen »In dubio pro reo«!

Lucca vor dem Hundegericht!

Es wird ja immer noch dieses hundsgemeine Gerücht in der Hundewelt verbreitet, ich hätte mit dem Kissen von meinem Menschen Frau Holle gespielt.

Wie ihr vielleicht in einschlägigen Hundezeitungen gelesen habt, wurde ich aus Mangel an Beweisen freigesprochen.

Das Einzige, was gegen mich sprach, war voll die Hundekacke.

Ich, Lucca, das engelsgleiche Wesen, habe Federn darin hinterlassen.

Seit dieser Einbrecher – Geschichte, in der ich, der gerade mal sechs Monate junge Hund, das Eigentum des Rudels mit dem Leben verteidigt habe, spüre ich leider ein gewisses Misstrauen seitens meiner Familie.

Seitdem kommen jeden Morgen die Möbelpacker!
Die räumen das Schlafzimmer aus und mittags, wenn Frauchen heimkommt, auch alles wieder ein.
Ich werde an einer kurzen Leine, die direkt an meinem Stachelhalsband befestigt ist, geknebelt und am Schrank festgebunden.

LEUTE, KEINE PANIK ... war nur S P A ß!

Jetzt belle ich euch aber die Wahrheit!
Nach einer ausgiebigen Morgenrunde, sowie der Fütterung, die aus einer Handvoll Trockenfutter und etwas Wasser besteht, geht die Unruhe los.
Dieses Misstrauen gegen uns bedauernswerte Hunde ist so furchtbar. Oder wie würdet ihr euch fühlen, wenn euer Frauchen an drei Tagen in der Woche morgens alles, was keinen festen Wohnsitz hat, wegräumt?
Und zwar so gut, dass sie manche Sachen erst ein paar Tage später wieder findet. Natürlich werden wir dann wieder beschuldigt, dass wir die Teile geklaut hätten.
Da wir bei sehr armen Menschen wohnen, gibt es bei uns keine Tür zum Schlafzimmer.
Spenden in Form von Geld oder Leckerlis sind uns jederzeit willkommen, aber schickt uns bitte keine Türen!
Da das Schlafzimmer wenn wir alleine waren, zu meinem größten Bedauern ab sofort Hundeverbotszone war, durften wir uns nur im Wohnzimmer oder im Flur aufhalten.
Das Ganze, spielte sich dann folgendermaßen ab:

Bevor Frauchen Futter verdienen ging, machte sie die WC - Tür auf, die gegen eine gegenüber stehende Kommode gedrückt wurde.

Gemeinerweise hatte sie das Teil auch noch in die offene Schublade geklemmt, so dass ein Durchkommen in mein geliebtes Ruhezimmer unmöglich war.
Maxx versuchte mehrfach vergeblich, mit seinem dicken Schädel die Tür aufzumachen. Aber da half auch keine rohe Gewalt und wir mussten diese bösartige Schikane hinnehmen.
Sobald Elke dann zur Bürotussi mutiert war, warf sie noch einen letzten Blick auf unser Gefängnis. Eigentlich hätte sie jetzt beruhigt ihrer Arbeit nachgehen können.
Aber wie ich aus einem Gespräch meiner Menschen entnehmen konnte, hatte sie sich bei ihrem Broterwerb sehr viele Gedanken gemacht. Sie hatte auf einmal »sonderbare« Bilder vor sich gesehen. Nein, Stimmen hörte sie zum Glück noch keine.
Wie in einem Kopfkino sah sie, wie ich, der zarte Junghund, mich neugierig über die WC - Schüssel beugte. Maxx drückte die Spülung und strampelnd landete ich in der Kanalisation.
Die Vorstellungen zogen an ihrem geistigen Auge vorbei und dabei sah sie Maxx, wie er von mir wie eine Mumie in Toilettenpapier eingewickelt wurde. Er konnte sich nicht befreien und war mir dem kleinen Schädling hilflos, ausgeliefert.
Sie hielt es bei der Arbeit nicht mehr aus und nahm kurzfristig zwei Überstunden frei, um zu retten, was noch zu retten war.
Mit zitternden Fingern und zuckenden Augenlidern öffnete sie die Tür. Schwanzwedelnd, aber doch sehr verpennt, kamen wir ihr entgegen.
In der Wohnung war selbstverständlich alles in Ordnung.
Ihr Misstrauen uns gegenüber war wieder einmal völlig unbegründet gewesen.

Manchmal können Menschen schon sehr eigenartig sein.

Wir beide Hunde berichten gemeinsam mit unserem Frauchen.

Auf eine abwechslungsreiche Gassirunde lege ich viel Wert. Da wir jetzt zwei Hunde hatten und als Team noch lange nicht perfekt waren, liefen wir eher in einer ruhigeren Gegend. Das war für meine Nerven und die alten Knochen auf jeden Fall besser.

Ihr könnt euch unsere gemeinsame Anfangszeit aus der Sicht eines überfordertes Frauchens so vorstellen: Maxx bekam das Geschirr angezogen und wartete bereits ungeduldig, dass es vorwärtsging.

Ich versuche, wieder mal den Zwerg einzufangen. Was allerdings nicht ganz einfach ist, da er regelmäßig seine fünf Minuten kriegt und wild durch die Gegend rennt. Daraufhin bekommt er meistens heftigen Schluckauf und ich muss erst sein Bäuchlein streicheln, damit er sich beruhigt.

Maxx legt sich daraufhin auf den Rücken und will ebenfalls gekrault werden. Nachdem sein Anfall von ADS vorbei ist, mache ich den Kleinen ausgehfertig. Er wurde, damit er uns nicht hinterherrennen kann, mit einer Leine, die am Schrank befestigt war, angebunden. Ohne mich, um sein Protestgejaule zu kümmern, renne ich mit Maxx die Treppen runter. Schnell noch auf den Garagenknopf gedrückt, wo ich dann den begeisterten Altrüden im Kofferraum verstaue - geschafft.

Ich atme durch und bevor ich den Deckel schließe, kommt noch ein liebevolles »Maxx Schnauze halten« aus meinem Mund. Jetzt kann ich nur hoffen das keiner der Nachbarn, oder eines ihrer Haustiere vorbei laufen - oder ein Blatt vom Baum fällt.

Einen kurzen Moment genieße ich die Ruhe, bis ich aus der Wohnung ein heftiges Bellen höre.

Ich renne die Treppe wieder hoch, schließe die Tür auf, dabei treffe ich Lucca, der mir schon schwanzwedelnd entgegenkommt.

Überraschung - die Leine am Schrank hat jetzt zwei Teile, denn »Lucca der Zerstörer« hat erneut zugeschlagen.

Dann atme ich laaaaangsam durch und nehme ihn an seine Gassileine. Nun aber nichts wie runter zum Auto, wo sich Maxx gerade lautstark mit dem Dackel von gegenüber unterhält. Lucca weiß zwar nicht, warum sein Bruder bellt, macht aber vorsorglich auch die Klappe auf.

Um Ruhe in das Chaos zu bringen, nehme ich Lucca auf den Arm und verfrachte ihn auf die Rückbank.

Ich zögere einen Moment, in dem ich mir überlege, die Hunde zu verleugnen und wieder in die mittlerweile stille Wohnung zurückgehen.

Aber ich wollte, ja unbedingt einen zweiten Hund und steige notgedrungen selbst ein.

Wir fahren in den Wald, am Parkplatz versuche ich mir durch ein lautes Ohmmmm Mut zu machen.

Hilft aber nicht wirklich - und ich ergebe mich meinem selbstgewählten Schicksal und binde mir die Joggingleine um.

Dann befreie ich Lucca und klicke ihn an dem Haken vor meinem Bauch ein.

Maxx motzt genervt im Kofferraum, damit er endlich von seiner Zusatzleine, die im Auto befestigt ist, befreit wird. Ich nehme die Leine in die Hand und er springt freudig raus.

Geschafft - Ich bin die Größte.

In diesem Moment wickelt sich Lucca mit der Joggingleine um meine Beine. Nach einem kurzen Fluchen befreie ich mich und bin sooo stolz ,dass ich nicht hingefallen bin.

Nachdem ich erfolgreich die Richtung bestimme sieht Lucca etwas Interessantes, rennt los und in leicht gebückter Haltung ziehe ich Maxx hinter mir her.

Ich habe mir das Zusammenleben mit Maxx und Lucca viel einfacher vorgestellt. Wir hatten mit Premi und

Sam schon zwei Hunde gehabt, aber beide waren erwachsen, als wir aufeinandertrafen.
Auch der Kleine so früh verstorbene Lino war daheim sowie beim Gassigehen ein sehr lieber Hund.
Mit Maxx war ich in den dreieinhalb Jahren zu einem richtig klasse Team zusammen gewachsen. Einen Hund im Auge zu behalten war bedeutend einfacher. Bei ihm, dessen Körpersprache ich in unserer Zeit als er Alleinhund war, sehr gut lesen gelernt hatte, war es einfach. Da konnte ich bei Bedarf, wenn er eine Maus oder einen Hasen sah, oft rechtzeitig reagieren.
Das Gassigehen mit zwei Hunden war eine enorme Herausforderung für mich.
Wenn Frau einen erwachsenen Hund an der Leine sowie einen wilden Junghund am Jogginggürtel hat, ist das nicht ganz leicht.
Da half nichts, wir mussten wieder bei Null anfangen. Ich fühlte mich wie eine Frau, die ein zweites Kind bekommen hatte.
Mit dem ersten läuft es prima und dann kommt ein Säugling dazu, man versucht, es beiden recht zu machen, und schon ist man als Mama überfordert. Ich musste lernen, wie wir drei am besten ohne Matthias Gassi gehen konnten.
Ich nahm Maxx auf meine rechte Seite. Wenn er eine Maus sah, wollte er diese fangen. Auf der linken Seite von mir war Lucca, der in diesem Moment einen Schmetterling erblickte - toooll den musste er sofort haben.
Auch wenn er wieder einmal seine fünf Minuten bekam, mit Maxx unbedingt an der Leine spielen wollte und mich dann auch noch einwickelte. Dann konnte ich über meine eigene Hilflosigkeit oft nur heulen.
Ich muss euch gestehen, dass ich in solchen Momenten nicht das tolle, souveräne Frauchen war, das ich gerne sein wollte.

Aber mein Mantra heißt: Wir schaffen das, wir bekommen das hin.

Über die Mehrkosten, die ein zweiter Hund verursacht, hatten wir uns schon vorher Gedanken gemacht. Bei uns kostet allein die Hundesteuer jährlich für einen Hund achtundneunzig Euro und für einen zweiten Hund verlangt die Gemeinde unverschämterweise das Doppelte.
Einige Menschen kommen auf die Idee, den Zweithund bei ihrer Schwiegermutter anzumelden. Wer aber, wie wir, eine öffentliche Seite mit »Maxx Lucca Hund« hat, dem ist dringend davon abzuraten.
Wenigstens kostenlose Kackbeutel können wir bei der Stadt abholen.
Selbst als Matthias mit Premi zu mir und Sam gezogen war, mussten wir die dreifache Hundesteuer bezahlen.
Ich kann auch nicht mit Maxx alleine zum Gassitreff gehen oder mit Lucca zur Hundeschule. Matthias ist dann immer bei einem von den beiden und ich kann in Ruhe mit jedem einzeln trainieren. Natürlich könnte ich einen alleine zu Hause lassen, aber das bringe ich nicht fertig.
Durch Luccas »kreative Art«, die Wohnung und das Auto zu verändern, war ich oft genervt. Ich habe mich auf dem Heimweg von der Arbeit oft gefragt: »Was hat der kleine Schädling heute wieder angestellt«?
In unserer Anfangszeit verging kein Tag, an dem ich es nicht bereut hatte, einen so lebhaften Zweithund zu haben. Aber das dauerte meistens nur so lange, bis ein schmusiger, dauerwedelnder Lucca auf mich zukam.
Das Wichtigste für uns ist, das die beiden sich, so prima verstehen.
Auch für Maxx war es eine außergewöhnliche nervige Situation, eben noch der verwöhnte Einzelhund und plötzlich musste er alles teilen.

Es liegt eine Menge Arbeit vor uns, bis wir ein richtiges Team werden - aber ich weiß, wir schaffen es ... Irgendwann.

Der clevere Reporter Maxx Hund berichtet.

Wir vier machen sonntags immer eine ausgiebige Morgenrunde.

Bevor wir nach Hause fuhren, waren wir noch beim Bäcker und ich freute mich auf mein Wurstbrötchen. Aber kaum daheim angekommen, ging die Hektik schon richtig los. Frauchen deckte schnell den Frühstückstisch, wobei sie einen total gestressten Eindruck machte.

Das Schlimmste was passieren konnte, traf ein – sie vergaßen, uns zu füttern. Langsam merkte ich, wie ich sauer wurde und bellte, ihnen kräftig meine Meinung wegen dieser Unverschämtheit.

Was war nur los?

So verpeilt wie sie sich anstellte, war das kein normaler Sonntag. Der schrille Ton der Türglocke erklang. Wir wussten, wenn es klingelt, gibt es eine Überraschung und Frauchen geht zur Tür hinaus. Wenn sie wieder rein kommt, hat sie oft ein Paket unter dem Arm und freut sich tierisch darüber.

Wir warteten schon gespannt hinter der Wohnungstür auf unser Geschenk. Diesmal war es kein Präsent, Tina von der Hundeschule kam uns besuchen.

Die Trainerin wollte sich bestimmt vergewissern, dass es uns beiden auch gut geht. Wie es sich gehörte, wurde ich als erstes begrüßt und dann war Lucca an der Reihe. Er hing sofort an ihrer Hose und hatte sie gleich zum Fressen gern.

Ich freute mich über die Abwechslung und zeigte mich von meiner besten Seite. Mein Bruder dagegen bekam, einen Maulkorb drauf bis er sich beruhigt hatte.

Die drei nahmen am Tisch Platz und wir Hunde sahen ihnen sabbernd beim Frühstück zu. Mittlerweile war Lucca wieder ohne Maulkorb und benahm sich friedlich. Die Menschen waren entspannt und alles fühlte sich gut für mich an.

Noch heute, fast acht Monate später, könnte ich mir für meine Naivität die Pfoten über die Lefzen hauen.

Dabei hätte ich es wissen müssen, denn beim letzten Gassitreff hatte Tina uns immer im Auge.

Danach führte sie mit unserem Personal noch ein längeres Gespräch, natürlich über uns beide.

Schon etwas beunruhigt, legte ich meinen Kopf auf Herrchens Schoß und blickte nach oben. Mit großer Sorge sah ich, wie die Trainerin alles, was wir machten, in ein dickes Buch schrieb.

Elke räumte den Tisch ab, während Tina aufstand und sich frech im Wohnzimmer umsah. Haaaallo die wohnt hier nicht, was macht die an meinem Sessel?

Ein derartiges Verhalten konnten wir auf keinen Fall zulassen – solche Aktionen waren aus meiner Sicht nicht akzeptabel. Also wollten wir sie höflich, wieder zurück zu ihren Stuhl begleiten. Wie wir auch schon bei Frauchen beobachten konnten, zeigten sich auch bei der Trainerin ebenfalls starke Anzeichen von *Bedarfsstarrsinn*.

Herrchen musste uns beide dann begrenzen.

Er durfte nicht zulassen, dass wir zwei Hunde uns frei in *unserer* Wohnung bewegen konnten. Vor allem sollte er einen neuerlichen »Angriff« von Lucca auf Tina verhindern. Nachdem Lucca aber immer wieder eine Lücke fand, um zu ihr zu rennen, musste Frauchen eingreifen. Für den Zwerg mit seinen sechs Monaten und gerade mal 15 kg, war es ein lustiges Spiel.

Ihr müsst euch mal vorstellen, wie nervig es für *mich* als erwachsenen Hund ist, wenn einem ständig ein Mensch im Weg steht.

Dabei hatte ich mir so viel Mühe mit der Erziehung der Zweibeiner gegeben. Fast vier Jahre hat es gedauert, bis ich sie endlich hundetauglich hatte.

Aber da jetzt auch noch Lucca zu unserem Rudel gehörte, musste ich wieder ganz von vorne anfangen.

Was für mich alleine schon nicht einfach war, wurde jetzt erst richtig schwierig.
Da meine Menschen lernresistent sind, hatten sie auch in der Zeit mit einem Maxx alleine, meiner Meinung nach einiges falsch gelernt. Sie hatten es doch tatsächlich gewagt für mich Regeln aufzustellen, die ich dann hundsgemeinerweise befolgen musste.

Aber nun zurück zu Tina, unserer Trainerin.
Nach fast zwei Stunden ständiger Schikanen und Maßregelungen seitens der Zweibeiner hatte ich die Schnauze so was von voll.
Lucca machte es sich einfach.
Nachdem er nach einer halben Stunde bemerkt hatte, dass es kein Spiel mehr war, legte er sich in sein Hundebett und schlief ein. Vorher war mehrfach, seine Distanz von einer Pfotenlänge unterschritten wurden. Was er als Sohn einer Straßenhündin mit Migrationshintergrund überhaupt nicht leiden konnte.
Aber so gerne ich mich auch hingelegt hätte, ich musste jetzt doppelt aufpassen. Tina schlug ihr Buch, indem sie sich immer wieder Notizen gemacht hatte, auf.
Was dann meine müden Ohren zu hören bekamen, war einfach unglaublich. Sie meinte doch tatsächlich, wir würden den Zweibeinern auf der Nase herumtanzen.
Nur mal eine kleine Zwischenfrage, die mich brennend interessieren würde:
Wie, bitte schön, soll das gehen? Nach Meinung der schlauen Trainerin sollen wir ja unseren Menschen auf der Nase herumtanzen.
Einmal angenommen, Frauchen legt sich auf den Boden und ich mit meinen fast vierzig Kilo, tanze ihr vielleicht auch noch elegant auf ihrem Gesicht herum. Und dann das Problem, wie treffe ich dabei ihre Nase? Selbst Lucca schafft das nicht. Auch die Möglichkeit, dass wir ihr zusammen darauf herumhüpfen, halte ich schlichtweg für ausgeschlossen. Wie soll Hund so etwas verstehen und es erfolgreich umsetzen können?

Komischerweise hatten es meine Menschen verstanden. Den für mich nicht nach vollziehbaren Satz: »Wir seien sehr verwöhnt« fanden sie auch in Ordnung. Es fielen so schlimme Worte wie »Es muss sich etwas ändern«. Leute, wir sind Gewohnheitshunde und hassen Veränderungen.

Blöderweise waren sich unsere Menschen und Tina einig, dass da manches anders werden musste. Leider muss ich euch bellen, bevor Lucca zu uns kam, hatte ich ein paar »kleinere« Baustellen, aber mit ihm treten sie jetzt halt doppelt auf. Aus den kleinen Baustellen wurde dann eine Großbaustelle! Wie überall gibt es da einiges, was nicht im Bauplan steht und so nicht bestellt wurde!

Damit die Zweibeiner nicht an jeder Ecke anfingen und noch mehr falsch machten, gab es einen Trainingsplan. Als wenn das alles nicht schon schlimm genug gewesen wäre, kam auch noch die Vermutung auf, ich hätte in letzter Zeit für Selbstverständlichkeiten zu viele Leckerlis bekommen.

Schnief - ich sei etwas zu mopsig!

Natürlich kann Hund immer etwas dazu lernen, wenn es zu seinem Vorteil ist. Aber nach den fiesen Worten glaubte ich nicht wirklich daran. Ab jetzt sollte streng nach diesem Plan gearbeitet werden. Damit wir vier das begreifen, wurde auch sofort Einzeltraining gebucht. Verdammter Mist!

Jetzt konnte ich wieder die nächsten Wochen Schadensbegrenzung betreiben und im schlimmsten Fall wieder ganz von vorne mit der Erziehung der Beiden anfangen. Aber diesmal waren wir zu zweit. Da Lucca eine sehr kreative Art hat die Wohnung und das Auto zu verschönern, können wir sie hoffentlich oft ablenken. In der folgenden Woche traf sich das komplette Rudel mit der Trainerin. Sie wollte beobachten, wie es mit uns beim Gassigehen funktioniert. Tina meinte: Bei Maxx ja schon recht gut, aber bei Lucca noch *sehr* ausbaufähig.

Leute danach wurde es total bescheuert.

Unsere Menschen durften nicht mehr dahin laufen, wo wir hinzogen - Sie sollten stehenbleiben und dann in eine andere Richtung gehen. Die Streber setzten das Gelernte eifrig um, waren stets bemüht es richtig zu machen.
Nur ein kleines Problem bremste ihren Ehrgeiz. Wenn Elke mit uns alleine unterwegs war, waren Lucca und ich uns vollkommen einig, dass wir so einen Blödsinn nicht mitmachten. Wir haben uns dann ein paar lustige Sachen einfallen lassen: Lucca und ich konnten uns »leider« nie für die gleiche Richtung entscheiden. Das war ein Spaß, wie sie vergeblich versuchte Ordnung in unser Rudel zu bringen. Wenn wir merkten, dass sie bald keine Lust mehr hatte und sauer wurde, gingen wir brav neben ihr her. Ja, bis sie sich wieder beruhigt hatte, dann begann das Spiel aus Neue. Oder einer blieb stehen und der andere zog sie weiter. *Frauchen sein ist nicht leicht ...*
Daheim sollten wir mehr ausgelastet werden und Frustrationstoleranz üben. Dafür wurde das »Zehn Leckerlis Spiel« erfunden. Dazu braucht man einen Hund, einen Menschen, und natürlich das Wichtigste: zehn ganz besondere Guttis.
Ich erkläre euch das gerne: Der liebe Vierbeiner geht vor seinen guterzogenen Zweibeiner ins Sitz und schaut auf die geöffnete Hand. Auf der einen Seite sind zehn gute Sachen drin - aber die ist tabu. Frauchen legt eins in die offene Hand und hält mir das Ganze unter die Nase. Dann zwei usw. bis sie im besten Fall alle zehn in der anderen Hand hält. Wenn ich bei vier die Teile schon klauen will, geht ihre Hand zu und es beginnt von vorne.
Spannend ist es immer, wenn wir Hunde gemeinsam vor ihr sitzen. Ihr könnt mir glauben, da ist am Anfang noch oft ihre Hand zu gegangen. Aber irgendwann haben wir kapiert das einer immer warten musste.

Ich bin gespannt was sie sich, als Nächstes einfallen lässt ...

Lucca: Ich berichte euch von meinem beinahe tödlichen Erlebnis!

Erstens kann ich nichts dafür und zweitens war ich wie immer völlig unschuldig. Wieder einmal saß ich auf der Fensterbank und scannte das Revier nach feindlichen Objekten ab.

Ich finde, nach dem brutalen Überfall auf Frauchens Kissen war das sooo wichtig, also nahm ich meine Aufgabe als »Späher« verdammt ernst. Aber nichts war los in dieser langweiligen Gegend. Ich wollte schon runtersteigen und eine Runde pennen, als draußen etwas Spannendes geschah. Waldemar Dackel von gegenüber tauchte in meiner Einfahrt auf und unterhielt sich, lautstark mit Bruno Mix der zwei Häuser weiter wohnt. Das ging gar nicht ... der blöde Hund machte das doch mit Absicht nur um mich zu ärgern. Da ich, genau wie mein Bruder, sowie Frauchen, sehr kommunikativ veranlagt bin, bellte, ich heftige Kommentare zu den Quasselhunden rüber. Maxx hielt kräftig mit, um mir seine absolute Unterstützung zu zeigen. Ausgerechnet von unserer

gesprächigen Elke die eine viel größere Klappe als wir beide zusammen hat, wurden wir angeschnauzt.
Keine Geduld hat die Frau, kann ich euch bellen. Nur weil ich nicht sofort einer Meinung mit ihr war und noch zwei oder fünf kleine Motzwuffer losließ, landete ein Wurfgeschoss direkt neben meinem Kopf.
Vor lauter Schreck fiel ich dann von der Fensterbank runter. Aber nicht einfach bequem auf das Sofa.
Nein, unnötigerweise zwischen Couch und der Aussichtsplattform auf den Boden, wo genauso unnötig eine Stehlampe mit integrierter Leselampe aus Chrom stand. Blöderweise biegt die doofe Polstergarnitur genau an dieser Stelle in eine Kurve ein. Danach kommt erst wieder ein langes gerades Teil.
Um es kurz zu machen: Ich flog mit meinem zarten Luccahintern direkt nach dem Kurveneingang auf den Sockel der Lampe. Das blöde Leuchtding kam daraufhin ins Straucheln und seine eiskalten Arme umklammerten mich wie eine Würgeschlange. Leichte Panik erfasste mich, aber ich befreite mich erfolgreich und gab dem schrecklich kalten Ding noch einen kräftigen Tritt. Noch hatte ich nicht gewonnen, denn sie gab nicht auf, rappelte sich noch einmal hoch und landete mit dem Deckenstrahler voraus auf dem geraden Abschnitt des Sofas. Erstarrt hing die Lampe mit dem hinteren Teil in der Luft. Jetzt hatte ich das feige Miststück zwar besiegt, aber leider gab es keine Fluchtmöglichkeit aus dem engen Verlies. Ich saß hilflos in meiner dunklen Ecke auf dem Boden und kam alleine nicht mehr heraus. Maxx war mir übrigens auch keine große Hilfe, er hatte sich nach dem ersten Rempler ins Schlafzimmer verzogen.
Nach ganz langer Zeit hatte mich Frauchen, die an allem Schuld war, endlich aus der Ecke befreit. Vorher machte SIE noch Bilder, hat aber natürlich das Beweismittel, nämlich ihr Wurfgeschoss – ein Geschirrtuch unterschlagen.
Darunter hat sie für Herrchen geschrieben: Lucca und die Stehlampe sind unverletzt.

Wir fahren auf die Hundewiese ... Eigentlich!

An manchen Tagen ist das Zusammenleben mit Frauchen noch anstrengender als sonst. Wenn wieder ein »Motztag« ist, leiden wir sehr. Da bleibt einem als Hund nichts anderes übrig, als sich möglichst unsichtbar zu machen. Nach der Morgenrunde wurde die Wohnung wie immer in einen Hochsicherheitstrakt verwandelt! Was bleibt uns da anderes übrig als zu pennen. Als sie dann endlich von der Arbeit daheim war, ging es sofort zur Mittagsrunde. Da wir nicht nachtragend waren, hatten wir den Anpfiff von morgens bereits wieder vergessen. Deshalb waren wir im Auto zu ihrer »Freude« sehr kommunikativ, denn schließlich hatten wir den ganzen Morgen die Klappe gehalten und geschlafen. Irgendwann muss Hund doch testen, ob die Stimmbänder überhaupt noch funktionieren. Dafür gab es die Höchststrafe: Sie sang ... Aber immer wieder dasselbe »La Le Lu, keiner hat sooo dooofe Hunde wie wir – La Le Lu«.

Ja, Frauchen und ihre Frustrationstoleranz, manchmal hat sie mehr Frust als Toleranz.

Wir waren auf dem Weg zu einer großen Wiese, da war immer Freilauf angesagt - *eigentlich!*

Maxx und ich waren im Auto schon vor lauter Begeisterung mächtig aufgedreht. Deshalb legte sie gleich zwei Zwischenstopps ein und wartete, bis wir uns beruhigten. So lange der Wagen stand, waren wir es auch. Als wir endlich am Ziel ankamen, war Frauchen bereits äußerst genervt. Durch ihre lästige Ungeduld waren wir verständlicherweise etwas hyperaktiv. Ich kaum am Jogginggurt und Maxx an der Leine, sind wir gleich sowas von abgegangen. Aber wie immer, wenn es anfängt lustig zu werden, hat uns die Spaßbremse sofort ausgebremst.

Da wir in der Hundeschule gelernt hatten, positives Verhalten wird belohnt, alles Negative wird ignoriert, haben wir Frauchen einfach nicht beachtet und sind losgerannt.

War dann auch wieder falsch, denn sie stemmte sich voll bockig dagegen und ein kräftiger Leinenruck zwang uns zum Anhalten. Stellt euch das mal vor, diese Frau hat uns wirklich gezwungen, anständig zu gehen. Ein paar Meter liesen wir sie in dem Glauben, dass sie alles im Griff hatte. Wir markierten für die nachfolgenden Hunde den Feldweg und dachten jetzt aber los auf die Wiese zu den bereits wartenden Hundekumpels. Voller Vorfreude rannten wir in die Leine und zogen sie kräftig mit. Was dann geschah, hatten wir mit ihr auch noch nicht erlebt. Sie drehte sich doch wahrhaftig um und ging in Richtung Auto. Sie erklärte uns, für heute hätte sie die Schnauze gestrichen voll von uns!

Als ich mich umdrehte, sah ich die mitleidigen Blicke meiner tierischen Freunde. Vor lauter Frust gaben wir auf der Heimfahrt keinen Ton von uns.

Sollte SIE ruhig merken wie unmöglich ihr Benehmen war.

Abends machten wir dann einen auf »guterzogenen Hund« gemacht, schließlich sind wir nicht empfindlich. Außerdem so wie sie drauf war, hätte es bestimmt eine weitere Kurzrunde für uns gegeben. Wir liefen an einem harmlosen Feldweg entlang und genau dort hatte ich ein sehr beängstigendes Erlebnis. An einem »Hunde sind an die Leine zu nehmen« Schild, hing so ein riesiges weißes flatterndes Teil mitten auf meinem Weg. Da bin ich sowas von abgegangen, vor und zurück, die Haare aufgestellt, gebellt, sowie geknurrt. Jedes Mal wenn ich nur noch eine Pfotenlänge entfernt war, hat es sofort versucht, mich anzugreifen.

Maxx ist dann total mutig hin und hat es auch angebellt. Frauchen meinte zu diesem kleinen Vorfall: Wer eine leere Plastiktüte, die an einem Schild hängt, angreift, sei total bescheuert.

Mich bezeichnete sie als »Grosssmaulschisser« Maxx als extrem verpeilt - ein richtig blöder Hund eben, der bellt, ohne zu wissen, warum.

Wir sind Gastblogger bei »Issn' Rüde«!

LUCCA: Wir haben bei Facebook zwei Seiten, die heißen: Maxx-Lucca-Hund und Elke Maxx Lucca Hekler.

Da könnt ihr uns besuchen auch über ein Likes freuen wir uns tierisch. Auf diesen Seiten berichten wir fast täglich von unserem Hundeleben. Und weil wir da immer viel Lob bekommen haben und Frauchen sehr gerne schreibt, kam uns der Artikel von »Issn' Rüde« genau zum richtigen Zeitpunkt zwischen die Pfoten. Und da stand: »Du liebst Hunde, Du kannst schreiben. Werde Gastautor«! https://issnruede.de/

Es ist sehr abwechslungsreich und es sind super Berichte drin. Aber etwas fehlte noch – richtig unsere Beiträge!

Und jetzt stellt ihr euch einen dicken, grinsenden, mit einem zwinkernden Auge, sich in die Pfoten lachenden Smiley vor. Frauchen schrieb eine E-Mail an »Issn' Rüde« und bekam schnell eine positive Antwort. Sie überlegte nicht lange und schickte den ersten Artikel von uns beiden dahin.

Rasch noch ein paar schöne Bilder dazu und unsere »Karriere« als Gastblogger konnte beginnen.

Seit wir Autoren bei »Issn' Rüde« sind, ist Frauchen mächtig stolz auf sich und ihre kreativen Hunde. Seither leidet sie zwar etwas unter Größenwahn und stolziert durch die Gegend aber sonst ist bei ihr weitgehend alles in Ordnung.

Nach einer anstrengenden Mittagsrunde, in der sie uns ständig ausbremste und maßregelte, waren wir leicht genervt von ihren vergeblichen Erziehungsversuchen. *Nachts in ihren Träumen hatte sie liebe guterzogene Hunde an der Leine*.

Willkommen in der realen Welt – denn in diesem Moment sah ich eine Maus im Gebüsch sitzen, die mich herausfordernd ansah. Ich bin zwar ein erfolgloser dafür umso motivierter Lucca.

Das Wasser lief mir schon an den Lefzen runter, auch Maxx sabberte heftig vor sich hin.
Wie sollte ich vorgehen?
Vor allem beschäftigte mich der Gedanke, wie Hund eine Maus brüderlich aufteilt? Gerade als ich mich auf das Nagetier stürzen wollte, kreischte Frauchen dermaßen schrill auf. Das war es dann mit meiner Barfmahlzeit, nichts war mit rohem Fleisch. Etwas sauer gingen wir zum Parkplatz zurück, Maxx machte hopp und saß im Kofferraum auf seinem Platz. Ich wurde von der Joggingleine an ihrem Bauch befreit und landete auf dem Rücksitz unseres Maxxmobils.
Gerade als sie einsteigen wollte, hielt auf der anderen Straßenseite ein Auto mit Münchener Kennzeichen. Ein Paar saß vorne und wir entdeckten, dass noch zwei weiße Großpudel auf den hinteren Plätzen standen und aus dem Seitenfenster hechelten.
Der Mann stieg aus und fragte Frauchen, ob sie wisse, wo im Nachbarort Max Hekler wohne?
Sie glaubte nicht, was sie da hörte. Ihr müsst verstehen, im richtigen Leben heißen wir Maxx und Lucca Hekler.
Frauchen schenkte dem Mann gerade ihr strahlendes Lächeln, als ihr im selben Moment panikartig einfiel, dass sie nicht einmal Autogrammkarten hatte.
Wenn unsere Fans schon so einen weiten Weg auf sich nahmen, wäre es bestimmt sinnvoll, demnächst einen Großparkplatz anzumieten. Diese Gedanken gingen ihr sekundenschnell durch den Kopf.
Wir unterstützten dann das Ganze zusätzlich, indem wir uns mit den beiden reizenden Großpudeln lautstark unterhielten.
Der Herr schaute sie immer noch erwartungsvoll an. Vorsichtshalber fragte sie noch einmal nach dem gewünschten Namen.
Der Mann wiederholte sich »Max Hekler« und fügte hinzu, dass der Gesuchte einen Bioladen mit einem angrenzenden Biergarten betreibe.
Die meinten doch tatsächlich einen anderen ...

Maxx: Ich alleine bin der großartige Retter des Haustürschlüssels!

Eines Morgens fuhren wir um sechs Uhr, also mitten in der Nacht, bei strömendem Regen und völliger Dunkelheit los.
Die erste Gassirunde machen wir gerne am Friedhof. Da ist es ruhig und keiner will etwas von uns. Ich bin bestimmt kein Weicheihund, aber wenn so viel Regen von oben kommt, dass mir das Wasser beinahe aus den Ohren wieder heraus läuft, ist das kein Wetter für mich. Lucca findet das Ganze übrigens auch nicht toll und wir sind dann immer sehr schnell mit »alles erledigen« fertig. Eigentlich ...
Am Auto bemerkte unser Frauchen, dass der Schlüssel fehlte. Den musste sie irgendwo zwischen dem Rausnehmen der Kacktüten sowie dem Entsorgen unserer Hinterlassenschaft, verloren haben. Das durfte doch nicht wahr sein, es war sooo kalt, windig und es regnete ja auch heftig. Das war auf gar keinen Fall ein Wetter, wo Frau ihre Hunde vor die Tür jagt.
Aber dank unseres Schusselfrauchens musste ich noch einmal los. *Lucca hatte Glück*. Er konnte im trockenen Auto, das sie zum Glück nicht abgeschlossen hatte, auf uns warten.
Ich hatte Pech. Meine Ausbildung zum Mantrailer musste sich bezahlt machen. Frauchen hielt mir ihren Schal unter die Nase und ab ging der Trailmaxx. Der Schlüssel war schnell gefunden und wir feierten spontan eine kurze Leckerliparty.
Jetzt war es aber wirklich genug. Ich wollte bei diesem Mistwetter einfach nur rasch ins Auto. Ich sah mich schon im Trockenen sitzen und machte einen Sprung und prallte heftig zurück.
Blöderweise war mein Personal wieder mal zu langsam und der Kofferraumdeckel war noch zu.

Undank ist des Hundes Lohn, kann ich da nur bellen!

Lucca: Ich bin ein Rechengenie!

Ich habe ganz viele Kongs.
Frauchen meint, ich würde alles andere kaputt machen!
Nicht einmal ein Kuscheltier habe ich armes kleines Luccababy!
Ich hätte ja, wie andere Hunde auch, gerne Stofftiere.
Nur weil ich den Affen sowie den Seelöwen genau untersucht habe, bekomme ich jetzt keine mehr zum Spielen. Deshalb bin ich doch noch lange nicht »Lucca, der Zerstörer« wie sie immer zu mir sagt.
In meinem jungen Leben habe ich ja bisher kaum etwas kaputtgemacht.
Das kann jeder bestätigen ... oder?
Durch die zehn Leckerlispiele haben wir rechnen gelernt und ich weiß, wie viele das sind.
Ich habe sechs verschiedene Kongs, aber ich zählte nur drei.
Irgendetwas stimmte da nicht und ich strengte meinen Kopf mächtig an.
Da Maxx sich nicht für Kongs interessierte, schloss ich ihn vorerst mal als Verdächtigen aus.

Herrchen spielte auch nicht damit, also blieb nur noch Frauchen übrig. Bestimmt hatte sie wieder einen ihrer seltenen Anfälle von Putzwahn. Da ist sie dann gnadenlos und wirft alle Spielsachen in eine Kiste.

Aber auch das Rüsseltier erschien mir sehr verdächtig. Wenn der aus seiner Box befreit wird, rast er an seiner langen Leine hinter ihr her und frisst alles in sich rein. Maxx und ich halten das Saugdingens ja für ein Monster. Er hat uns schon mehrfach angegriffen und seither sind wir jedes Mal auf der Flucht vor ihm. Von mir aus soll er doch die Krümel, die ich aus Versehen liegen gelassen habe, in sich hineinsaugen.

Sogar unsere zahlreichen Hundehaare frisst er mit Begeisterung auf. Von mir aus darf er das gerne tun. Bei mir kleben die immer auf der Zunge und dann muss ich spucken. Von weitem schaute ich mir das Maul des Rüsseltiers genauer an, aber da passte definitiv kein Kong rein.

Also musste ich weitersuchen, um die geklauten Spielis wieder zu finden. Ich machte mich ganz dünn und schlängelte wie eine Schlange unter das Sofa. Als Erstes sah ich eine Schicht Haare und Staub.

Na ja, dachte ich: »Da hat aber einer nicht sehr gründlich gearbeitet. Als ich meinen Niesanfall beendet hatte, sah ich mehre rote Teile da einsam und verlassen herumliegen.

Vergeblich versuchte ich, meine wiedergefundenen Kongs, zu befreien.

Endlich bequemte sich Frauchen und legte sich auf den Boden. Den Staubwedel hatte sie gleich mitgebracht und sie holte nicht nur meine Spielsachen hervor, sondern auch viele Hundehaare. Da lästerte sie sofort über das Rüsseltier ab, dass die Staubsauger von heute auch nichts mehr taugten.

Mir war das egal, Hauptsache ich hatte alle meine Kongs wieder.

Schlauchboot in Not... oder Lucca der Zerstörer schlägt wieder zu!

Dass wir armen Hunde, wenn die Menschen arbeiten gehen, in einem Hochsicherheitstrakt wohnen, habt ihr ja schon gelesen.
Meiner Meinung nach völlig unbegründet und total übertrieben. Wir sind ja nur drei Tage in der Woche, für sechs Stunden alleine, da muss ich mich immer mächtig beeilen um die Wohnung zu verschönern. Leider wird das immer schwieriger und ich bin ständig Frauchens Schikanen ausgeliefert.
Sogar dem alten Wohnzimmertisch hatte sie heimlich ein Rad entfernt. Nur weil ich ein bisschen an ihm herum geknabbert hatte. Das war so was von gemein von ihr und ich merkte es im ersten Moment gar nicht. Ich wollte eines Morgens wieder ein wenig den Tisch verschönern, dabei kippte er völlig unerwartet in eine heftige Schräglage.
So viel Aufregung für so ein zartes Wesen! Das war eindeutig zu viel für mich den armen Lucca. Das blöde Möbelstück würdige ich seither keines Bisses mehr. Das passiert mir kein zweites Mal.
Nach diesem Schrecken legte ich mich in mein großes Hundebett. Es wird in Familienkreisen auch das »Schlauchboot« genannt. Ein tolles Bett!
Es hatte auf jeder Seite eine Schlaufe zum Ziehen.
Maxx und ich, wir passten da beide prima hinein.
Aber genau darum muss ich euch die Geschichte mit dem Schlauchboot erzählen: Ich lag friedlich darin und erholte mich von dem furchtbaren Erlebnis mit dem Tisch.
Ihr dürft nicht vergessen, ich war da erst sieben Monate alt, also fast noch ein Luccababy!
Der Dicke konnte es nicht ertragen, dass ich sooo brav war und deshalb versuchte er mich mit seinen fast vierzig Kilos daraus zu vertreiben.
Er nahm eine der Schlaufen ins Maul und zog mich durch das ganze Wohnzimmer. In meiner Not habe ich mich dann an dem Teil festgebissen, um nicht herausgeschleudert zu werden.

Mit meinen fünfzehn mageren Kilos hatte ich dieser Art von Mobbing nichts entgegenzusetzen.

Ich biss noch fester in das Schlauchboot, um mich festzukrallen. Nach einer endlos langen Zeit ließ er von dem armen Hundebett ab.

Leider hatte das Bett seine gewalttätige Attacke nicht überlebt. Das Innenleben bestand aus lauter kleinen Schaumstoffteilen. Die verteilten sich nach unserer eingehenden Untersuchung im Wohnzimmer und da lagen sie dann wild herum. Ich war so geschafft von den unfairen Trainingsbedingungen, dass ich erst einmal eine Runde schlafen musste.

Auch der Dicke war total platt und schnarchte vor sich hin. Gut erholt konnten wir zwei Stunden später Frauchen willkommen heißen. Sie kam zur Tür herein, aber anstatt uns freudestrahlend zu begrüßen, sofort zu motzen an.

Sie machte dann ihre obligatorischen Bilder für Herrchen, der sich genauso wie sie über das kaputte Schlauchboot freute.

Wieder einmal sollte ich nach Rumänien zurückgeschickt werden, da in Deutschland niemand so einen furchtbaren Hund haben wollte.

Auf die Idee, dass ihr Mustermaxx schuld war, ist sie erst gar nicht gekommen.

Das Saugrüsseltier scharrte schon hinter der verschlossenen Tür gierig nach Futter. Es saugte in kurzer Zeit extrem viel von den Schaumstoffteilen in sich rein. Das Vieh war dann so vollgefressen, dass Frauchen ihn auseinandernehmen musste und leer machte.

Für uns gab es Sauerkraut und unsere Hinterlassenschaften wurden genau untersucht. Leider fanden sich wieder nur bei mir verräterische Spuren in meinem Kot. Ich frage mich immer, wie Maxx das macht, dass er sämtliche Beweise verschwinden lässt?

Ein Großeinkauf im Hundeladen ihres Vertrauens war nötig. Dort beim Fresskorb wird Frauchen persönlich mit Namen begrüßt. Gleich am Eingang wird sie immer gefragt, was der Lucca schon wieder alles angestellt hat?

Wahrscheinlich wird demnächst der rote Teppich für die alte Petze ausgelegt und die örtliche Blaskapelle spielt lautstark »*WHO LET THE DOGS OUT*«.

Ihr wurden, dann sofort unverständlicherweise die Sonderangebote mit Leinen gezeigt. Als ob ich jemals einen hohen Verschleiß damit gehabt hätte. Sie lehnte dankend ab, weil das gute Stück schon ein paar Wochen durchgehalten hatte.

Sie wurde dann noch von der freundlichen Mitarbeiterin gefragt, ob Maxx und Lucca Platz in dem Hundebett hätten? Sie hatte es kurz vor meiner Ankunft gekauft und hoffte damals auf ein langes Schlauchbootleben.

Meine alte Plaudertasche erzählte, bis vor ein paar Tagen wäre es noch, wie neu gewesen aber dann hätte ich es auseinandergenommen.

Die Verkäuferin grinste und sagte, sie hätten ein günstiges großes Auslaufmodell.

Frauchen meinte, das sei prima, aber sie müsse auch noch einen Schlingfressnapf für den Lucca mitnehmen. Weil er sein Trockenfutter nicht fresse, sondern einsauge.

Das müsse er von Maxx gelernt haben.

Zu ihrem Glück hatte sie zusätzlich zu ihrem überflüssigen Schüsselkauf eine Baumwurzel und einen Elchgeweihkochen zum Nagen mitgebracht.

Sie legte uns ein Handtuch hin, in der Hoffnung, dass die Sauerei auf dem Sofa nicht ganz so heftig würde.

Eine halbe Stunde schmatzten wir gemütlich vor uns hin. Sie machte sich nützlich und hatte in dieser Zeit, aufgeräumt sowie das Bett überzogen, als plötzlich eine innere Stimme zu ihr sagte: »Schau sofort nach Lucca«!

Mit schnellen Schritten kam sie ins Wohnzimmer und sah, dass mir die Baumwurzel zu langweilig geworden war.
Ich hatte das Handtuch in praktische handliche Stücke zerteilt. Weil ich angeblich auch einige Teile gefressen hatte, gab es wieder Sauerkraut, damit das Tuch leichter rauskommt.
Das ist keine Strafe für uns, denn Maxx und ich lieben rohes Sauerkraut. Es gibt immer Nassfutter dazu – nicht wie sonst das normale Trockenfutter.
Nach zwei Tagen war von meiner Seite aus alles wieder entsorgt!

Bei einer Gassirunde wurde Frauchen von der hochnäsigen Besitzerin eines reinrassigen Schäferhundes gefragt, was so alles in mir drin sei?
Ihre Antwort: Ich habe ihn noch nicht aufgemacht, ich denke, das Übliche - Herz, Nieren, Leber.
Beim Magen weiß ich es genau, aber so viel wie Lucca immer frisst, kann ich ihnen auch gerne über seine Darmgewohnheiten berichten.
Die Frau lehnte dankend ab und wandte sich dann Maxx zu und fragte: »Ist der schwarze Hund eigentlich bissig«? Man hört ja so viel darüber.
Jetzt reichte es Frauchen endgültig: »Der Maxx nicht - ich dagegen schon«!

Manchmal laufen echt bescheuerte Menschen durch die Gegend.
Die Hundehalterin wechselte übrigens in Zukunft die Straßenseite, wenn sie uns sah.

Wir sind zwar keine Rassehunde, aber dafür sind wir Klassehunde und unser Stammbaum reicht auch nicht Generationen zurück, sondern wurde erst vor zehn Jahren in unserer Straße gepflanzt.

Maxx und ich lernen wieder etwas Neues!

LUCCA:

In der Hundeschule habe ich »Tabu« gelernt. Zweibeiner wirft ein Leckerli auf den Boden. Bevor ich auch nur denken kann - »Das ist meins«! Höre ich die liebliche Stimme meines Frauchens. Dann wird das Tabuleckerli eingesammelt und ich bekomme dafür eine richtig gute Belohnung.
Natürlich habe ich auf mehrere Wiederholungen bestanden.
Was ich in der Schule lerne, üben wir immer daheim, zusammen mit Maxx. Da wir beide sehr verfressen sind, gestaltete sich der Anfang einer neuen Übung immer etwas hektisch.
Wenn einer von uns an das Leckerli wollte, hatte Frauchen blitzschnell ihren Fuß darauf gestellt. Nachdem wir das kapiert hatten, wurde es schwieriger, sie legte keine der langweiligen Teile auf den Boden, sondern richtig gute Wurst. Dabei wurde es deutlich komplizierter für uns. Maxx und ich schauten uns lauernd an, wer von uns beiden das Tabu am schnellsten bricht.
Ich hielt es nicht mehr aus und bewegte den Kopf nach vorne. Aber sie war schneller und trat voll auf die Fleischwurst.
Ihre Gesundheitslatschen rochen danach trotz mehrmaliger Reinigung lecker nach der Wurst. Da ich ja für meine hilfreiche Art bekannt bin, wollte ich ihr beim Saubermachen helfen.
Ehrlich, ich bin so ein lieber, gutmütiger, toller Hund und werde für meine hilfsbereite Art nicht so behandelt wie ich es verdienen.
Dieses Mal dachte ich: »Lucca, sei nicht nachtragend« und habe mir ihren Fleischwurstschuh zur vollständigen Reinigung, zur Pfote genommen. Nachdem ich das zu meiner Zufriedenheit erledigt hatte, kümmerte ich mir zusätzlich um die Sohle. Bei

der hatte ich einen leichten Käsegeruch in der Nase und wollte den wegmachen.

Aber ihr ahnt es schon, auch dieses Mal hat es Frauchen wieder nicht gefallen. Anstatt wenigstens dieses eine Mal etwas Dankbarkeit zu zeigen, schallte es durch unsere stille Wohngegend: »Verdammt noch mal, Lucca, kann ich dich keine fünf Minuten aus den Augen lassen«?

Somit wusste auch die ganze Nachbarschaft Bescheid, was für ein schrecklicher Lucca ich war.

In der nächsten Woche trainierten wir ohne weitere Zwischenfälle, bis wir es perfekt beherrschten. Damit ein Kommando nicht nur in der Wohnung funktionierte, übten wir es zusätzlich unter Ablenkung.

Wir fuhren dazu auf unsere Hundewiese, wo wir frei herumrennen konnten. Am Anfang hatte ich ja zu ihrer Sicherheit noch eine lange Schleppleine hinter mir hergezogen. Frauchen meinte damals, wenn ich da einen auf Bedarfstaubheit mache, könne sie besser eingreifen.

Aber da ich mit meinen sieben Monaten, schon ein schlauer Lucca bin, darf ich meistens ohne Leine laufen.

Dort haben wir dann das Tabu geübt, das heißt, ja, egal was es ist: *Pfoten weg*!

Ich schnüffelte ein wenig herum, als ich plötzlich einen Geruch voll in die Nase bekam. Was lag den da so leckeres auf dem Boden? Noch schnell einen Blick Richtung Frauchen und schon hatte ich es im Maul.

Da schreit SIE »*Tabu*«!

Oje ich glaube, sie sieht alles.

Ich, der Lucca Allesfresser, spuckte das Teil sofort aus und mein Frauchen gab eine spontane Leckerliparty. Bin ich toll – oder bin ich supertoll?

Es war ja »nur« eine tote Maus, die ich ausgespuckt hatte!

MAXX :

Ein paar Tage später war wieder einmal »Freilauf« auf der Wiese angesagt. Diesmal war Herrchen auch dabei, was es definitiv nicht einfacher machte.
Denn die Zweibeiner waren an diesem Sonntag, zu Späßen aufgelegt. Andauernd war einer verschwunden und wir mussten sie suchen!
Und wie die sich freuten, wenn wir sie gefunden hatten! Unbeschreiblich.
Wir hätten ihnen ja ihren Spaß gelassen. Aber das Schlimme daran war, der ganze Leckerlivorrat sowie das Wasser waren in ihrem Rucksack.
Kaum hatten wir uns so wichtigen Dingen zugewandt, wie welcher Hundekumpel heute hier war - waren unsere Futtergeber schon wieder weggelaufen.
Ein Plan musste her, bevor Hunger und Durst uns vor lauter Schwäche in den Wahnsinn trieben.
Lucca und ich hatten keine andere Wahl als uns aufzuteilen und die beiden in die Enge zu treiben, so dass sie uns nicht entkommen konnten!

Der Plan war super!

Lucca sollte sich um Frauchen kümmern und ich musste selbstverständlich die Chefsache übernehmen.

Aber mein kleiner doofer Bruder rannte hinter mir her und sie war wieder weg. Langsam merkten wir, dass wir bestimmt schon drei Stunden keine Nahrung mehr zu uns genommen hatten.

Sooo ging das nicht und wir mussten uns etwas Neues ausdenken.

Wir steckten die Köpfe zusammen.

Brainstorming war angesagt!

Nach kurzer Zeit hatten wir die Lösung - wir beschlossen, den Spieß umzudrehen: Wir würden uns verstecken, heimlich, still und leise davon schleichen und sie sollten uns suchen. Und wenn sie sich dabei Sorgen machten, weil wir unauffindbar blieben, recht so. Ich wollte sie ein wenig zappeln lassen, denn umso größer wäre ihre Wiedersehensfreude.

Keine Minute später sahen wir zwei Menschen, die aus ihrem Versteck heraus gekrochen kamen.

Über das große Gassigebiet hörten wir sie verzweifelt »Maaaaxx! Luuuucca!« Rufen.

Jetzt waren sie mal dran mit Suchen und wir hatten unseren Spaß!

Wir sahen wie Herrchen auf sein Handy schaute und etwas zu unserem Frauchen sagte. Mist, sie hatten uns ganz schnell gefunden. Woran wir Hunde nicht gedacht hatten - wir haben beide ein GPS am Geschirr!

Damit sind wir blitzschnell zu orten – Spielverderber.

Ob diese hundsgemeine Überwachung nicht gegen das Tierschutzgesetz verstößt, können wir euch leider nicht bellen. Wenn ein Hund aber wirklich einmal im Alleingang einen Ausflug macht und nicht mehr von alleine zu seinen Menschen zurückfindet, ist das schon eine tolle Sache.

Maxx der Urlaubsprofi berichtet!

Wir fahren in den Urlaub - der Stress kann beginnen.

Mein Herrchen, der für das Beladen des Maxxmobils zuständig ist, ermahnte Frauchen ständig, nicht so viel mitzunehmen.
Er hatte ja sonst immer alles prima untergebracht, aber jetzt wollte Lucca ja auch mit in die Ferien und da wurde es verdammt eng im Auto.
Herrchens Plan, unser Frauchen mit der Bahn vorauszuschicken, wurde nach einem bösen Blick von ihr wieder fallen gelassen.
Aber es war ja erst Samstagmorgen, und da wir erst am Dienstag fahren wollten, hatten sie ja noch sooo viel Zeit.
Es genügte, wenn sie mit dem Packen und die Wohnung »Nachbarschaftstauglich« machen, am Montagabend fertig waren.

Frauchen ging wie immer samstags mit ihren Mädels Martina und Sandra erst einmal gemütlich frühstücken. Dabei sind Hunde und Kinder nur in Ausnahmefällen gestattet. Männer sind bei dieser gemütlichen Runde überhaupt nicht erwünscht. Frauchen meint, ab und zu ist es auch wichtig, nur Elke zu sein.
Den anderen Menschenfrauchen geht es genauso.

Mittags hatte Lucca noch Hundeschule.
Da alles so anstrengend war, mussten sie erst einmal einen Mittagsschlaf halten. Mittlerweile war es 19:00 Uhr und wir wollten noch eine ausgiebige Abendrunde machen.
Herrchen hatte sich in der Zwischenzeit die Wettervorhersage für das Allgäu angeschaut und meinte, es wäre besser, wenn wir schon am nächsten Morgen fahren würden.
Da er für seine Scherze bekannt war, nahm Elke es erst einmal nicht ernst.

Aber er meinte dann, sie solle Tanja, die Vermieterin unserer Ferienwohnung mal anrufen.

Sie dachte, mache ich es eben und frage nach.

Denn nur ein zufriedener Mann ist ein guter Mann!

Sie sprach mit Tanjas Anrufbeantworter, den sie halbherzig fragte, ob wir morgen schon anreisen könnten.

Jetzt konnten wir in Ruhe unsere Abendrunde machen und uns dann entspannt vor dem Fernseher langweilen.

Aber erstens kommt es anders – zweitens als Frau hofft.

Wieder daheim, blinkte unser Anrufbeantworter und die freudige Stimme von Tanja erklang. Sie würde sich sehr freuen uns morgen schon zu sehen.

Eigentlich stand jetzt der Samstagskrimi auf dem Programm, aber ...

Oje, nun wurde es aber echt ungemütlich bei uns daheim.

Aus dem Kleiderschrank wurden die Klamotten geholt und in die Reisetasche gesteckt.

Die ganze Hektik wurde kurz unterbrochen als Frauchen Lucca erwischte, wie er ihr frischgewaschenes T-Shirt aus der Tasche klaute. Leider war sie zu langsam und er zog es durch die noch nicht gesaugte Wohnung.

Was dabei so schlimm sein sollte, wenn unsere Haare daran hängen, werde ich nie begreifen. Es sieht toll aus, dass Muster ist einzigartig und am allerschönsten ist es wenn das Ganze noch mit ein paar Sabberflecken garniert wird. So weiß doch jeder gleich, dass du einen tierischen Freund zuhause hast.

Die Stimmung erreichte kurz darauf einen neuen Höhepunkt als immer mehr Sachen von Frauchen in der Vielleicht-Ecke gelandet waren. Sie legte lautstark Protest ein und ihr wütender Blick ging über Herrchens Gepäckstücke die aus mehreren Kameras, Stativen und sonstigem Fotokram bestanden.

Sie zählte laut bis zehn hatte allerdings zu unserer Verwunderung keine Leckerlis zum Spielen in der Hand. Lucca glaubte ihr nicht und sprang sie heftig an. Dadurch kam sie kurz ins Wanken und landete beinahe in den fertig gepackten Taschen.

Ihre Laune verschlechterte sich drastisch.

Herrchen drohte ihr Spaßes halber an, wenn sie weiterhin so brummig sei, müsse sie zuhause bleiben. Voller Begeisterung setzte sie sich in meinen Lieblingssessel und wünschte uns einen schönen Urlaub.

Zu ihrem großen Bedauern meinte er, dass dann ihre kleinen Lieblinge selbstverständlich auch bei ihr daheim blieben

Dann doch lieber Urlaub im Allgäu mit der Familie – geht doch. Nachdem alle Unklarheiten beseitigt waren, konnte gegen 23:00 Uhr die Endrunde eingeläutet werden.

Nach einer ausgiebigen Gassirunde am Sonntagmorgen konnte es endlich losgehen.

Lucca: Mein erster Urlaub ... Ich bin sooo aufgeregt.

Da ich mit meinen acht Monaten noch nie im Urlaub gewesen war, hatten mich das ganze Theater und die zunehmende Hektik stark verunsichert.
Maxx hatte mir dann gebellt, dass alles in Ordnung sei. Menschen wären eben manchmal etwas eigenartig und ich solle sie einfach spinnen lassen.
Aber dann war es doch noch sehr aufregend.
Herrchen holte immer mehr von diesen Taschen aus der Wohnung und verfrachtete sie ins Maxxmobil. Und jedes Mal, wenn er wieder nach oben kam und weitere Sachen holte, fluchte er noch mehr.
Endlich war es soweit und wir wurden auf den Rücksitz des Wagens in unser Autogeschirr gepackt sowie festgeschnallt.
Haaaallo, so geht das nicht!
Maxx gehört in den Kofferraum und ich habe immer die Rückbank für mich alleine.
Die konnten doch nicht ernsthaft glauben, dass ich mir den Platz mit dem »Dicken« teilte. Mein Herumgezicke brachte auch nicht viel, so dass ich mich meinem schweren Schicksal beugen musste.
Nur die Beruhigungsleberwurst aus der Tube, die uns Frauchen abwechselnd nach hinten reichte, versöhnte mich ein wenig. Nach ein wenig Herumdrehen und ausreichend Platz verschaffend - legte ich mich bequem zum schlafen hin.
Wir fuhren dann ganz lange geradeaus, das war so was von hundsmäßig langweilig. Maxx hatte fast die ganze Zeit vor sich hin geschnarcht. Er ist halt schon ein richtiger Urlaubsprofi mit seinen vier Jahren.
Nach drei Stunden waren wir bei strahlendem Sonnenschein am Ziel.
Beim Haus angekommen, wurden meine Zweibeiner von einer fremden Frau begrüßt.
Es war, wie Maxx mir bellte, Tanja, die Vermieterin der Ferienwohnung.

Ich war immer noch im Auto und schaute mir das gegenseitige Geschlabbere erst mal skeptisch an. Dann durften wir raus und Maxx zog gleich die volle Schleimspur hinter sich her, um die Frau zu begrüßen. Als sie merkte, da ist ja noch ein Luccababy dabei, wollte sie mich auch begrüßen. Vorsorglich verbellte ich sie gleich mal.
Mit fremden Menschen und unbekannten Hunden habe ich es ja nicht so. Ich brauche Zeit, um zu vertrauen, Frauchen meint, das würde mit meiner Vorgeschichte zusammen hängen.
Dann ging es in die Wohnung, wo ich begeistert durch die Räume schnüffelte. Wow, das war vielleicht etwas Tolles: vom Gang aus kann Hund in die Küche und weiter ins Wohnzimmer und landet dann wieder in dem endlos langen Flur.
Wir spielten, eine Runde Verstecken und mir gefiel es immer besser.
Herrchen hatte in der Zwischenzeit die Taschen ins Haus gebracht. Was ich nicht verstand, war das Frauchen gleich alles entfernte, was ihrer Meinung nach nicht »Lucca-tauglich« war.
Immer dieses Misstrauen!
Als hätte ich jemals etwas kaputt gemacht.
Nachdem sie sich in ihrem » Zweitwohnsitz« häuslich eingerichtet hatten, ging es mit unserem Maxxmobil weiter nach Füssen.
Als wir durch den kleinen Ort unseres Feriendomiziles fuhren, wussten es dank unserer kommunikativen Art alle Bewohner, dass wir wieder da waren. Wir wollen ja nicht unhöflich sein und ein freundliches »Bellooo wir sind da, gehört für uns einfach dazu«.
Meine Menschen waren so gespannt, wie ich auf Wasser reagiere. Sie wussten ja nicht, ob ich ein Schisserlucca, oder wie Maxx, ein Wasserhund bin.
Also war ausprobieren angesagt.
Da das Allgäu ganz tolle Seen hat, fuhren wir gleich zum Forggensee. Kaum aus dem Auto raus ist Maxx sofort ins Wasser rein und geschwommen.

Genauso wollte ich auch machen.
Hundsmutig rannte ich hinterher, doch leider hing Frauchen an der Schleppleine noch hinten dran. Da sie wieder einmal viel zu langsam war, bekam sie nasse Schuhe und ihre Hose sah danach etwas schmuddelig aus.

Aber zurück zu mir, und den wichtigen Dingen des Lebens.

Ich rannte hinter Maxx her und – weg war ich. Da Frauchen es ja bei dem Dicken seinen ersten Schwimmversuchen schon erlebt hatte, blieb sie relativ gelassen.
Sekunden später war ich auch schon wieder aufgetaucht. Leute was ich da unter Wasser gesehen hatte, das war voll gruselig. Da war in Seeungeheuer mit einem *gaaanz* langen Kopf und einem großen Bauch. Unbestätigten Gerüchten zu Folge sollte sich gerade Nessie aus Loch Ness in Schottland auf Urlaub im Allgäu befinden. Das war sie bestimmt!
Wahrscheinlich wollte sie nur mit mir spielen, aber da ich ja null Erfahrung mit Wassertieren habe, war ich doch ziemlich erschrocken.
Ich strampelte um mein Leben - Geschafft, zum Glück hing ich an der Schleppleine dran. Komischerweise sah

außer mir keiner die Nessie und Frauchen wunderte sich, warum ich so schnell wieder aus dem See raus kam. Auf dem Weg zurück zum Auto quietschen Elkes nasse Schuhe und Herrchen machte sich lustig über das ungeschickte Frauchen.

Sie schob es auf ihren großen Hunger - *Er* bot ihr unser leckeres Trockenfutter an. Nach langem Hin und Her über Sinn oder Unsinn mancher Antworten beschlossen sie ins Schnellrestaurant zu fahren. Gesagt getan ...

Nachdem die Zweibeiner satt waren, hatte ich mein erstes Genusserlebnis mit einem Teil eines Cheeseburgers. Maxx und ich waren einer Meinung ... Lecker aber viel zu wenig.

Wenigstens konnten wir uns anschließend noch über eine Handvoll Futter in der Ferienwohnung freuen.

Danach wurde ich sehr müde und musste mich von den vielen neuen Eindrücken erholen.

Im Traum sah ich Nessie, die mit mir Fangen spielte. Sie war sehr schnell und ich musste mich mächtig anstrengen, um ihr zu entkommen.

Dann hörte ich ein komisches Geräusch und ein eigenartiges Bellen. Erschrocken riss ich die Augen auf und da sah ich es auch schon.

Drei wiehernde Riesenhunde trabten an der Hauswand der Ferienwohnung vorbei. Wie ich im Laufe der Ferien mitbekam, wohnten die im Pferdestall hinter dem Haus.

Auch die Hauskatze Erna, die Einäugige lernte ich kennen. Das Auge hatte sie in einem wilden Kampf mit einer anderen Katze verloren. Erna wurde zu unserer persönlichen Stalkerin. Die war sooo frech und setzte sich ständig bei uns vor die Terrassentür und zeigte mir ihre Mittelkralle. Die hatte in diesem Moment so was von Glück, denn nur die Fensterscheibe rettete ihr das Leben. Total dreist setze sie sich daraufhin auf das Maxxmobil und winkte uns katzenfrech zu!

Da war es endgültig mit meiner Beherrschung vorbei und ich kläffte gemeinsam mit Maxx, lautstark unseren Protest durch die leider immer noch geschlossene Tür. Die Mieze störte das überhaupt nicht - und leckte sich nur frech über ihr Maul. Muss Hund sich eigentlich alles gefallen lassen? In dieser Nacht träumte ich von Nessie und wie wir gemeinsam Erna verklopften.

Am nächsten Tag fuhren wir nach Tirol zum Wandern. Den »Hundsarschjoch« kennt ihr ja bereits von Maxx seinen Erzählungen.

Nur so viel - auch dieses Mal haben wir es Dank unseres »sportlichen« Frauchens wieder nicht weiter nach oben geschafft!

Zum Glück gibt es dort auch flachere Wege und wir liefen noch ganz schön weit. Sie jammerte etwas von heißen Beinen, die sie unbedingt am nächsten Bach kühlen musste. Das mussten wir verhindern und schlabberten schnell den halben Bach leer, bevor sie ihre Stinkefüße reinhängen konnte.

Dann hatte sie Hunger und schnallte den Proviantsack ab um mit ihrer lieben Familie Brotzeit zu machen. Der gefüllte Rucksack ist übrigens einer der »besten Freunde« meines verfressenen Bruders Maxx, dem

Dicken. Selbstverständlich biete auch ich gerne meine Mithilfe an, um diesen etwas leichter zu machen. Den Rucksack – nicht den Maxx!

Satt und zufrieden ging es dann zum Urisee. https://www.tirol.tl/de/highlights/natur-landschaft/seen/urisee/

Es war ein sehr heißer Tag, genau richtig, um baden zu gehen. Dieses Mal wollte ich es genauso wie Maxx machen und mich sofort in die Fluten stürzen. Kurz kam mir noch der Gedanke wegen des Seeungeheuers. Aber da Nessie ja im Allgäu Urlaub machte, brauchte ich hier keine Angst zu haben. Außerdem hatte ich ja die Schleppleine dran und Herrchen würde mich bestimmt retten.

Ich wollte nicht mehr aus dem Wasser raus und bin hinter Maxx her geschwommen. Nachdem wir eine Weile unseren Spaß hatten, sind wir nach mehrfacher Aufforderung an das Ufer zurück. Frauchen sammelte die Schleppi wieder ein, die sie, als ich im Wasser geschwommen war – losgelassen hatte. Ich war sooo stolz auf mich, sodass ich gleich meine gefürchteten fünf Minuten bekam und Frauchen mit der Schleppleine umwickelte. Da sie Maxx gerade anbinden wollte, war sie mir hilflos ausgeliefert.

Sie konnte sich aber schnell befreien, denn das jahrelange Sicherheitstraining mit Maxx machte sich nun bezahlt.

Herrchen der die Kamera verstaute, übernahm sein nasses Rudel und wir liefen müde neben ihm her.

Nach einem ausgiebigen Frühstück ging es am nächsten Tag zum Forggensee. Dort hatten sie letztes Jahr schon eine tolle Badestelle entdeckt. Total ruhig und schön zum Schwimmen für ihre tierischen Lieblinge. Als wir da ankamen, mussten Maxx und ich zuerst arbeiten, bevor wir überhaupt an Entspannung denken konnten.

Das Treibholz musste bei schwerem Seegang herausgefischt werden.

Ich habe es herausgeholt und Maxx hat es zerlegt. Dann war Pause angesagt und wir schauten stolz auf die fachgerechte Entsorgung des Holzes.

Zum Glück blieb uns die Bergung der großen Teile erspart, denn sonst wären wir wahrscheinlich immer noch nicht fertig.

Aus dem Augenwinkel sah Maxx einen sehr kräftigen Mann auf uns zulaufen! Unter seinem kugelförmigen Bauch hatte er ein kleines Würstchen versteckt und das winkte uns bei jedem Schritt fröhlich zu!

Wir wollten schon hinrennen und ihn freundlich begrüßen, aber Frauchen, die Spaßbremse, pfiff uns zurück.

Der Mann war total nackt und nichts war mit lecker Würstchen.

An der Leine mussten wir dann warten bis die »Nacktwurst« an uns vorbei gelaufen war.

Lucca: Frauchen ist eine alte Schikanierin!

Daheim ging es gleich wieder richtig nervig weiter. Dazu muss ich euch bellen: Ich werde auch von Frauchen der Zappellucca genannt.

Am Anfang dachte sie doch tatsächlich, ich hätte Hochleistungsbatterien in mir drin.

Ihr müsst euch das so vorstellen wie bei dem Hoppelhasen, der manchmal im Fernsehen kommt. Mehrfach wurde ich schon von ihr umgedreht, um das Fach zum Wechseln der Batterien zu finden und eventuell gegen welche zum Energiesparen einzutauschen.

Dabei war es ganz einfach, mein erhöhtes Nervpotenzial kam vom Koffein. Ich gestehe, ich bin süchtig nach dieser braunen Brühe. Am liebsten noch mit einem Schuss Milch und nicht zu süß – dann ist es die perfekte Mischung für mich.

Eine Zeit lang hat Frauchen es nicht bemerkt, dass ich mir öfter heimlich einen Schluck Milchkaffee gegönnt habe. Aber dann eines Morgens kam sie plötzlich angeschlichen und ich armes, mittlerweile acht Monate altes Luccakind, habe vor lauter Schreck die halbe Tasse verschüttet.

Mein kleines Herz hat so geklopft, als ich noch ein lautes »Luuuucca, Pfui«! - zu hören bekam!

Aber mit kleinen, unschuldigen Hunden kann Frau es ja machen.

Ich gehe jetzt regelmäßig in die Hundeschule, damit es Maxx auch versteht, übten wir es daheim zusammen.

Die neueste Schikane – ich meine natürlich »Übung« war: Beide Hunde sitzen und werden nacheinander zu Frauchen, die sich einige Meter entfernt hatte, abgerufen.

Mitten im Rennen bekommt Hund das Handzeichen *Stopp* und muss stehen bleiben.

Zu zweit war, das total langweilig, denn Maxx hat immer ewig gebraucht, bis er seine Pfunde in Bewegung gebracht hatte.

Deshalb bin ich, auch wenn er gerufen wurde, los gestartet, um ihm zu zeigen, wie es schneller geht.

Nach Meinung von Frauchen und dem Gebrumme des »Dicken« - war das aber falsch. Sie hat die Übung dann mit Maxx fertiggemacht und der bekam für seine Lahmarschigkeit sogar noch eine Belohnung.

Mich schickte sie unverschämterweise wieder auf Anfang. Nach ein paar Wiederholungen habe ich mich dann zurückgehalten und *sie* war zufrieden.

Dann ging es auf die Wiese und die gleiche Aufgabe wurde unter Ablenkung trainiert. Zuerst tobten wir mit den Hundekumpels herum und bellten uns den neuesten Hundeklatsch zu.

Um uns den Spaß zu versauen, störte sie zwischendurch immer wieder und rief uns fiese Kommandos zu.

Wenigstens hatte sie besonders tolle Leckerlis dabei und für jedes schnelle Kommen wurden wir richtig gut belohnt.

Ich kann euch bellen, wenn es gefühlte drei Tage nichts zu fressen gibt, dann ist Hund sehr schnell. Frauchen meinte, wenn wir alles so gut könnten, wie im Freilauf sofort zu erscheinen, wären wir fast perfekt.

Aber ganz ehrlich, wer will schon fehlerlose Hunde haben?

Manchmal komme ich auch mit Verzögerung und setzte bewusst meine Bedarfstaubheit ein.

Wenn das allerdings zweimal hinter einander passiert, dann bekomme ich blöderweise immer die Schleppleine rangemacht und Frauchen ist sauer.

Jetzt nehme ich mir meine Flegelphase und die nehme ich, »Lucca, der Erste« sehr ernst!

Frauchen meinte, ich könnte theoretisch alles, was sie mir in den letzten Monaten beigebracht hatte.

Sie hat vollkommen Recht, aber ich will nicht immer sofort hören.

Mit meinen zehn Monaten weiß ich selbst am besten, was richtig für mich ist und kann ich das ja wohl selbst entscheiden.

Da jede Familie ein »schwarzes Schaf« hat, bin ich halt der Rebell des gesamten Rudels.

Sieht man allerdings nur die Farbe und ignoriert Maxx seinen perfekten »Schafsblick«, wäre er optisch gesehen natürlich besser geeignet.

Bestimmt gibt es genug Ausnahmen, die haben dann eben nur ein schwarzes Hinterteil und heißen alle Lucca – oder so. Nachdem Frauchen mich dreimal gerufen hatte, ging sie doch einfach weiter und beachtete mich nicht mehr. Maxx, der alte Schleimer, kam natürlich sofort angerannt und kassierte sofort eine fette Belohnung.

Ich kam dann etwas später auch zu ihr gelaufen und wollte mir meine verdienten Leckerlis abholen. Und jetzt kam die absolute Frechheit: Sie nahm mich doch tatsächlich wortlos an die Leine und lief weiter. Noch vor kurzem hatte sie anderen Hundebesitzern, wenn deren ungezogene Hunde nicht gehört haben, unsere Hundeschule empfohlen.

Jetzt haben wir den ganzen Welpenkram hinter uns und sie muss endlich begreifen, dass ich erwachsen bin.

Ich mache jetzt bei anderen Hunden eine klare Kampfansage, wer hier der Chef ist. Damit meine Menschen nicht ganz verzweifeln, bin ich daheim ihr absoluter Schmuselucca.

Natürlich war es beim Strebermaxx total einfach. Da merkte Frau gar nicht, dass er in der Flegelphase war. Ihr glaubt nicht, wie oft mir diese Unwahrheiten schon auf meinen Lieblingsknochen geschmiert worden sind.

Aber ein Trost bleibt Frauchen.

Sie kann immer noch alles auf den Migrationshintergrund und meine Geschichte, als Sohn einer Straßenhündin schieben.

Lucca: Ich bin der weltbeste Mützenretter.

Frauchen wurde einmal bei einem richtigen Sauwetter gefragt, ob sie jetzt wirklich mit uns raus müsse?
Ihre Antwort war: »Ich habe es probiert, dass die beiden auf die Menschentoilette gehen. Aber nachdem Maxx daneben gepinkelt hat und Lucca beinahe beim Kacken in die Kloschüssel gefallen ist, gehen wir doch lieber normal Gassi«.
Oh, ich kleiner Laberlucca, wollte euch doch was anderes erzählen.
Es war Wind und ganz viel Regen draußen auf dem Feld. Da ich damals mit meinen achtzehn Kilo ein Leichtgewicht war, musste Frauchen mich ganz arg festhalten. Denn Herrchen meinte, sie solle gut aufpassen, damit ich nicht wie ein Drache davon fliegen würde. Maxx mit seinen fast vierzig Kilos war da ja nicht so gefährdet und außerdem bei Herrchen sicher an der Leine.
Plötzlich wie aus dem nichts kam ein furchtbarer Windstoß angeflogen und wehte Cheffes Mütze vom Kopf. Oh Schreck, direkt auf das schlammige Feld.
Herrchen rief: »Lucca, hol die Mütze«!
Auch wenn ich manchmal unter Bedarfstaubheit leide, da ging der Luccamützenzurückbringer aber ab wie nichts! Ich nichts wie rein auf das Feld und der Kappe nach. Jedes Mal, wenn ich sie beinahe hatte, kam ein neuer Windstoß. Das machte so viel Spaß und ich fühlte mich sauwohl dabei. Maxx, der auf dem Feldweg bei Herrchen warten musste, war total neidisch. Endlich hatte ich das Teil erwischt und brachte es voller Stolz zurück. Herrchen lobte mich ganz arg, als ich ihm stolz seine Mütze vor die Füße legte.
Nur Frauchen war sauer, die hing ja die ganze Zeit bei mir hinten an der kurzen Leine. Ihre Schuhe waren seeehr verschlammt und nicht mehr zu gebrauchen.

Aber manchmal muss Hund auch auf sein Herrchen hören ...

Elke: Benny der Ausreißer!

Maxx und Lucca sind mit einem GPS gesichert und können über Handy jederzeit geortet werden. Das ist uns sehr wichtig, vor allem bei Lucca, der Fremden gegenüber immer noch sehr unsicher ist. Auch andere Hunde werden erst einmal angebellt.
Seine Hundekumpels, deren Menschen sowie die Trainer, eben alle, die er schon länger kennt, bei denen ist es in Ordnung. Wenn Lucca abhauen würde, wäre es bei ihm sehr schwierig, ihn ohne GPS zu finden.

Bei Maxx bräuchte ich mir nicht so viele Sorgen machen. Er würde sich wahrscheinlich Menschen mit Hund anschließen und schauen, wo es etwas zu fressen gibt.

Ein aktueller Fall hat uns gezeigt, wie wichtig es ist, seinen Hund jederzeit Orten zu können. Benny war elf Monate alt, als er verschwand!
Der Kleine war ein paar Tage bei der Züchterin untergebracht.
Seine Menschen mussten überraschend nach Berlin und konnten ihn nicht mitnehmen. Bei der Frau fühlte er sich unwohl und zeigte es deutlich, indem er ständig gegen den Zaun sprang.
Nach einer Gassirunde passierte es dann: Er rannte mit der Leine aus dem Kofferraum und verschwand.

Durch Facebook wurde es schnell bekannt und es gab immer wieder Sichtmeldungen.
Da auch der kleine Benny fremden Menschen gegenüber sehr scheu war, kam keiner näher als 50 Meter an ihn heran.
Mittlerweile war er schon mehrere Tage unterwegs.
Die Besitzer, die hier vor Ort waren, fuhren jeden Tag fast 100 Kilometer morgens her und nachts zurück nach Hause.

Eine Sichtmeldung ergab, dass Benny humpelte, aber immer noch sehr zügig unterwegs war.
Matthias sprach mit dem verzweifelten Ehepaar und sie trafen sich bei der letzten Sichtung.
Da er bei verlorenen Hunden sehr engagiert ist, war es, für ihn selbstverständlich zu helfen.
Er richtete zwei Futterstellen ein und hängte Wildkameras auf. Außerdem legte er eine Spur aus Hühnerbrühe, die zudem mit viel Leberwurst versehen war.
Am nächsten Morgen wertete Matthias als erstes die Speicherkarten der Kameras aus. Aber leider war kein Hund darauf zusehen, nur ein paar Ratten, die es sich an den abseits gelegenen Futterstellen hatten schmecken lassen.
Den ganzen Tag suchten sie weiter nach Benny, es gab immer wieder Meldungen. Auch wenn sie schnell vor Ort waren, war der Hund schon wieder weitergezogen.
Bis in die Nacht hinein setzten die verzweifelten Hundebesitzer ihre Suche nach ihrem kleinen Schatz fort.
Er war zu diesem Zeitpunkt schon über eine Woche unterwegs und total verunsichert.
Wenn man sich die Standorte der verschiedenen Sichtungen ansah, lief es den Menschen eiskalt den Rücken herunter.
Benny musste mehrere viel befahrene Landstraßen überquert haben sowie neben einer Eisenbahnlinie entlanggelaufen sein.
Matthias organisierte dann noch grünen Pansen, weil dessen Geruch Hunde wie magisch anzieht.
Maxx und Lucca sind bei der Vorbereitung beinahe durchgedreht und haben mit ihrem Sabber, die halbe Küche unter Wasser gesetzt.
Den vollen »Duft« entfaltet der gefrorene Pansen allerdings erst, wenn er aufgetaut ist. Matthias setzte seine ganze Hoffnung darauf, dass Benny durch den Geruch angelockt würde.

Er fuhr wieder an die Futterstellen, um alles vorzubereiten, als er eine Nachricht erhielt. Die Besitzer und ihre Kinder hatten eine Sichtmeldung bekommen und begaben sich sofort dort hin.
Sie sahen Benny unter einem Baum liegen und den Kindern gelang es, langsam und sehr besonnen an den Ausreiser heranzukommen. Sie konnten ihn an seinem Geschirr festhalten und so Gott sei Dank sichern. Die Freude seiner Menschen war unbeschreiblich, auch die Tränen flossen reichlich.

Ich habe immer gedacht, der Hund muss doch überglücklich sein, wenn er seine Menschen sieht und schwanzwedelnd zu seiner Familie hinrennen. Aber das ist nicht so, man darf nicht vergessen, was das Tier in dieser Zeit alles alleine durchgemacht hat. Leider kann man in die Köpfe unserer geliebten Haustiere nicht rein schauen.
Nachdem Benny realisiert hatte, dass er in Sicherheit bei seinem Rudel war, konnte er sich vor lauter Freude kaum wieder beruhigen.
Außer einem ausgerenkten Ellenbogen hatte er zum Glück sein Abenteuer gut überstanden.
Als er zuhause war, erholte er sich schnell von den ganzen Strapazen. Übrigens ist jetzt auch Benny stolzer Besitzer eines GPS - Trackers.

Die verschiedenen Sichtmeldungen wurden bewusst nicht bekannt gegeben, um ihn nicht durch noch mehr suchende Menschen und ihre Hunde zu verunsichern. Was sonst erreicht wird, hat man vor ein paar Monaten bei einem aus Kroatien mitgebrachten Hund gesehen. Es ging durch alle Medien und lockte dadurch sehr viele Menschen an.
Zum Glück ist auch dieser Hund, gesichert worden.

Maxx und Lucca waren selbstverständlich auch nicht an der Suche nach Benny beteiligt.

Lucca: Ich war heute zum ersten Mal ohne Maxx beim Gassi-Treff.

Dass ich es mit fremden Hunden nicht so habe, wisst ihr ja schon. Da dachte Frauchen, gehen wir zum Treffen in unsere Hundeschule und üben das ein wenig.

Zu meiner Begeisterung war mein Hundekumpel Diego vom Welpenkurs dabei. Die anderen Vierbeiner waren mir egal - bis ich die »Neue« entdeckte. Emma, ein Rhodesien-Ridgeback Mädchen, der ich gleich mal gezeigt habe, wer hier der Chef ist. Das Brummen und die hochgestellten Haare sollten meine »Wichtigkeit« noch deutlicher machen. Was doof wiederum war, denn die Hündin, war einiges größer als ich und schaute auf mich herab, als ob ich ein Zwerg wäre. Als ob das Ganze nicht schon peinlich genug gewesen wäre, mischte sich auch noch Frauchen ein. Sie motzte mich heftig vor den anderen Hunden an. Dass ich mich auf die Schule konzentrieren und keinen auf ich bin »der Größte« machen solle.

Der klügere Hund gibt nach und SIE freute sich darüber, dass sie der »Chef« war. Bei den folgenden Übungen war ich übrigens »Klassenbester«. Bis sie erneut auf die doofe Leinenführigkeit bestand. Irgendwie will sie nicht begreifen, dass ich nicht der Typ Hund bin, der brav nebenher läuft.

Sie muss doch endlich lernen, wie lästig mir das immer ist. Ihre Hartnäckigkeit und ihr bereits häufig erwähnter Bedarfsstarrsinn haben es in sich - immer und immer wieder wurde ein und dieselbe Übung gemacht.

Vor lauter aufpassen, kam ich dabei dem Frauchen eines anderen Hundes zu nahe.

Der fand das überhaupt nicht lustig und machte mich total an. Zähnefletschend stand der Riesenyorki vor mir und ich hätte mir damals beinahe ins Fell gepinkelt, so viel Schiss hatte ich vor ihm. Zwar war er viel kleiner als ich, aber mit ihm war in dem Moment wirklich nicht zu spaßen. Das war völlig neu für mich, denn die meisten Hunde haben Angst vor mir, wenn ich, zum Ärger von Frauchen, einen auf Monsterlucca mache. Da gab ich dann aber schnell nach und meine Elke war sehr stolz auf mich.

Wir mussten dann eine Reihe bilden und ein Kind mit einem Spielzeugtraktor rollte winkend an uns vorbei. Direkt dahinter kam die Familie mit ihrem Hund angelaufen. Ich, der Lucca, war so was von vorbildlich, da hätte Frauchen eigentlich Party schreien müssen. Oder mindestens Riesenwürste regnen lassen sollen. Aber nur zwei winzige Käsestückchen war ihr die Vorstellung wert.

Danach ging es wieder sehr langsam den steilen Weg hinauf – Richtung Auto. Hunde, kann ein Frauchen alleine so schwer von Begriff sein? Manchmal kann ich es wirklich nicht glauben! Anstatt etwas schneller hinter mir her zu rennen, blieb sie auch noch stehen. Ich war so erleichtert, als wir am Maxxmobil ankamen und ich sie nicht mehr hinter mir herziehen musste. Da hatte ich mir eine Belohnung redlich verdient - und die hieß: Emma. Während unserer Runde hatte ich schlauer Kerl gemerkt ... »Lucca, die ist richtig nett«. Also habe ich ihr eine klare Ansage gemacht und die hieß: »Spiel mit mir«.

Auch ihre beiden Herrchen waren einverstanden, denn schließlich hatte ich mich die ganze Zeit von meiner besten Seite gezeigt. Das war zwar verdammt anstrengend, aber ich glaube, diese Hündin ist es wert. Ich war ganz schön aufgeregt, denn es war mein erstes Mal, dass ich alleine mit einem anderen Hund gespielt habe. Es war sooo toll mit ihr und wir haben wild miteinander getobt. Aber irgendwann war leider Schluss. Ich bin dann platt, aber glücklich heim zu Maxx und Herrchen gefahren. Nachts träumte ich von unseren ungezügelten Spielen und zappelte die ganze Zeit mit den Pfoten.

Ich glaube, ich habe mich verliebt ...

Lucca: Hundeschule ... Emma, ich komme!

Ich besuchte den »Alltagskurs« bei der Nelly, meiner anderen Trainerin.

Mit dabei waren meine Hundekumpels Diego und Gismo samt ihren Frauchen. Zu meiner Begeisterung war Emma mit ihrem Herrchen auch da.

Ich hatte euch ja schon berichtet, dass wir uns beim Gassi-Treff getroffen hatten.

Nachdem wir uns sooo toll verstanden haben, hatten sich die Menschen gleich für den Samstag verabredet.

Zuerst wurden die Rüden begrüßt, Emma habe ich gleich mal etwas angebrummt.

Es brauchte ja nicht gleich jeder von meinen Hundekumpels wissen, dass ich auf sie stehe. Da die anderen Jungs auch dabei waren, machte ich erst einen auf »Wir Rüden sind die Coolsten«.

Zum Trainieren gingen wir in einen Park, der ziemlich voll war. Schnell hatten wir einige Zuschauer bei unseren Übungen. Frauchen sagte: »Lucca, Platz«!

Drei Hunde machten Platz - ich blieb stehen.

Da hättet ihr mal ihren Blick sehen sollen.

Ich machte dann nach mehrmaliger, nicht sehr höflicher Aufforderung auch das gewünschte »Platz«.

Geduld, das kann ich euch bellen, ist nicht gerade Frauchens Stärke.
Auf der anderen Seite des Weges entdeckte ich Tina die Chefin der Hundeschule die mit einem Hund, der Einzelunterricht bei ihr hatte, im Park war. Es war ein italienischer Straßenhund, der vor lauter Unsicherheit alles anbellte.
Da auch ich durch meinen Migrationshintergrund nicht frei von Ängsten bin, habe ich dem Italiener rasch einen liebevollen Blick zugesandt. Ich habe bei meiner sensiblen Hundeseele sofort gemerkt, wie sehr der Trainingshund eine Aufmunterung brauchte.
An ihm mussten wir dann vorbei laufen und dabei haben wir vier wie sich gehört uns vorbildlich verhalten.
Wie ihr wisst, bin ich ein sehr lieber, einfühlsamer Lucca. Deshalb bemerkte ich recht schnell, dass Emma mein brummiges Verhalten nicht verstand.
Scheiß auf die Rüdenkumpels!
Die Hündin meines Herzens war mir wichtiger. Einträchtig liefen wir dann den ganzen Weg nebeneinander her.
Nachdem wir mit der Schulstunde fertig waren, ging es zurück zum Auto. Frauchen holte die Wasserflasche und gab eine Runde zu trinken aus. Ich wartete geduldig, bis ich wieder an der Reihe zum Wasserschlabbern war. Dass ich mit allen teilte, brachte mir von meiner Trainerin ein dickes Lob ein. Danach fragte das Herrchen von Emma mein Frauchen, ob wir noch Lust auf eine Freilaufrunde hätten? Ich setzte meinen herzerweichenden, oft geübten Luccablick ein. Super, es funktionierte auch bei dieser Gelegenheit.
Wir Hunde haben uns dann noch den ganzen Unterrichtsstress von den Pfoten gelaufen.

Emma ... wenn ich groß bin, musst du unbedingt meine Hündin werden und wir machen dann ganz viele süße Welpen.

Danke an meine zwei Fellnasen!

Maxx, mein Seelenhund.

.

***Mein Maxx**, was hätte ich in unserer Anfangszeit mit Lucca ohne dich gemacht? Du warst mir eine große Hilfe, wenn unser kleiner Schädling mal wieder seine fünf Minuten bekommen hatte.*

Du hast ihm beigebracht, wie man an Joggern und Fahrradfahrern einfach vorbei geht. Auch dass man warten muss, bevor es eine Belohnung gibt. Am Anfang war es für dich bestimmt nicht immer leicht. Du, der verwöhnte Einzelhund, musstest plötzlich alles teilen. Als wir mit dir beim Tierarzt zum Impfen waren, stellte ich zu meiner großen Verwunderung fest, dass mein mopsiger Hund fünf Kilo abgenommen hat.

Anstatt wie im letzten Jahr noch 40,8kg, hast du nur noch 35,7kg gewogen. Die Tierärztin war sehr zufrieden mit deinem Gewicht.

Dank Lucca musst du jetzt alles teilen.

Aber auch gemeinsam mit ihm den Joghurtbecher auszuschlecken macht dir, mein Schatz, nichts aus.

Du zeigst sehr viel Geduld mit Lucca, auch wenn er mal wieder sehr nervt.

Ich habe das Gefühl, dass auch du von ihm profitierst. Auch habe ich mir am Anfang viel zu viele Gedanken gemacht, ob ich alles richtig mache. Es gibt zwar immer noch einige Sachen, die dir zeigen, dass du der Ersthund bist.

Aber ich habe auch gemerkt, vieles ist nicht mehr wichtig ... für dich.

Hauptsache, du bekommst weiterhin deine zahlreichen Streicheleinheiten. Auch genießt du es sehr, nur mit deinem Herrchen eine ausgiebige Gassirunde zu machen.

Leider hast du Lucca auch beigebracht, wie Hund im Auto bellt. Das mein lieber Maxx, hättest du uns gerne ersparen können!

Mein verrückter kleiner Lucca!

Mein Lucca, *nun zu dir mein kleiner, wilder Schatz.*

Du hast es mir am Anfang wirklich nicht leicht gemacht.

Maxx und seine Vorgänger waren große, ruhige Hunde. Du dagegen bist ein kleiner Kobold, der ständig durch die Gegend rennt und sehr schwer zur Ruhe kommt.

Wir haben uns oft gefragt: »Wie finden wir das Batteriefach, um die Hochleistungsbatterien gegen normale auszutauschen«?

Ich dachte in meiner Naivität, als du ankamst, alles wäre wie bei Maxx als Welpe. Der folgte mir draußen auf Schritt und Tritt und suchte ständig die Nähe seiner Menschen.

Du, mein Lucca, hast von Anfang an dein eigenes Ding durchgezogen. Wahrscheinlich, auch durch deinen Migrationshintergrund, als Sohn einer Strassenhündin. Es war für mich eine völlig neue, lehrreiche Erfahrung. Auch musste ich bei dir immer aufpassen, dass ich dir nicht auf die zarten Pfötchen trete. Durch dich habe ich gelernt, wie aufregend ein Schmetterling sein kann. Du gibst mir eine neue Sichtweise, wie spannend und schön das normale Leben ist - danke dafür. Selbst wenn ich wieder mal einen Kasernenhofton an mir habe, lachst du mich an und verzeihst mir mit deinem großen Hundeherz alles.

Sobald du Herrchen oder mich siehst, wirst du zum dauerwedelnden Hund und möchtest die ganze Zeit gestreichelt werden.

Wahrscheinlich verlierst du deshalb so viele Haare, weil wir ständig miteinander schmusen.

Langsam an der Leine laufen ist immer noch nicht dein Ding.

Wir haben noch viel Arbeit vor uns, aber als Rudel bekommen wir das gemeinsam hin - irgendwann.

Danke an euch meine geliebte, nervige Familie.

Nach dieser anstrengenden Zeit fahren wir erst einmal in den Urlaub und erholen uns.

Maxx:

Im Allgäu warten sicher wieder viele neue Abenteuer auf uns. Bestimmt freut sich auch schon unsere Stalker-Katze, die Erna, auf uns. Frauchen hofft auch, dass wir endlich anständig an der Leine gehen. Fräulein Rottenmayer hat sich leider doch entschlossen, uns an Weihnachten wieder zu besuchen. Da sie ja zwanzig Euro für meine Erziehung ausgegeben hatte, möchte sie sehen, ob ihr Geld gut angelegt wurde. Darauf »freuen« wir uns alle schon sehr. Die größte Überraschung für Tante Lina wird Lucca sein.

Ich bin gespannt, was der Zwerg alles mit ihr anstellt. Wahrscheinlich enterbt sie jetzt Frauchen erneut. Aber egal was die Zukunft bringt, wir schaffen es gemeinsam.

Lucca:

Nun das Beste zum Schluss - nämlich *ICH*!

Frauchen hofft, dass ich in den nächsten Monaten, doch noch zu ihrem »Vorzeigelucca« werde. Das kann ich euch aber nicht versprechen.

Unser Leben, soll endlich, auch außerhalb des Hochsicherheitstraktes wieder stattfinden. Damit sind wir dann wieder »Freigänger« innerhalb der Wohnung. Ich hoffe nur, Maxx stellt nicht wieder so viel Blödsinn an. Meistens habe ich es ja ausbaden müssen. Aber ich glaube, langweilig wird es meinen Menschen mit uns noch lange nicht.

Hoffentlich bis bald!

Euer Maxx und Lucca Hund.

Wenn ihr immer noch nicht genug von uns habt, kann es sofort mit neuen Hundegeschichten von uns weitergehen.

Nachdem ein Jahr vergangen ist, geht es mit dem verheißungsvollen Titel unseres zweiten Buches weiter.

Mein Name ist Hund - Maxx Hund.

Ich bin ein fünf Jahre junger schwarzer Labbimix und war lange Zeit der alleinige Herrscher über mein Menschenrudel. Bis es dann vor zwei Jahren hieß: »Ein Hund ist nicht genug«.
Ja, und dann kam Lucca - und in meinem ruhigen Hundeleben ist nichts mehr, wie es einmal war.
Seither muss ich armer Kerl die stets bemühten Erziehungsversuche unseres Frauchens miterleben.
Als ob das nicht genug wäre, werde ich durch ihre Schusseligkeit sehr oft in unangenehme Situationen gebracht. Durch ihre Schuld habe ich sogar ein unfreiwilliges Schlammbad im Forggensee/Allgäu

»genossen«. Auch verliert sie ständig irgendwelche Gegenstände, die ich für sie suchen muss.
Dass ich ein erfolgloser Hasenjäger mit einem auf dem Boden liegenden Frauchen bin, versteht sich von selbst. Über das gemeine Hochwasser, das mein geliebtes Maxx-Mobil kaputtgemacht hat, werde ich euch genau berichten.
Jetzt, nach zwei Jahren, stellt sie plötzlich fest »Zwei Hunde sind genug«. Dachte sie wirklich, wir brauchen noch mehr »Luccas«?
Lasst Euch überraschen von unseren tierischen Geschichten und freut euch auf viele schöne Bilder.
Euer Maxx

Mein Name ist Hund – Lucca Hund.

Ich wurde in Rumänien geboren und bin mit ca. vier Monaten von meinem Rudel adoptiert worden. Das war vor zwei Jahren, und seit dieser Zeit versucht Frauchen – bisher, allerdings vergeblich – einen »Vorzeige-Lucca« aus mir zu machen.
Dass »Dracul«, der böse Gnom, mich immer wieder zum »Monster-Lucca« werden lässt, dafür kann ich nun wirklich nichts. Über meine Erlebnisse mit einem peinlichen Frauchen in der Hundeschule werde ich euch genau berichten. Sie hatte doch tatsächlich, nachdem die Trainerin zu ihr gesagt hatte: »Elke nimm mal Tempo raus« - schnief - ein Taschentuch aus der Jacke gezogen! Warum bei uns in der Wohnung ständig Kuhglocken läuten und wie ich das arrogante Herrchen von Streberhund Lars zu Fall brachte; auch wie ich mich mutig durch den Urwald kämpfte und Frauchen vor dem Schicksal, als Wildschweinfutter zu enden, bewahrte - das und noch viel mehr aus meinem » verhaltensoriginellen« Leben erwartet euch beim Lesen.
Getreu dem Motto: Ist der Ruf erst ruiniert, lebt es sich völlig ungeniert. Euer »Schlimmer geht immer«.
Euer Lucca

Mein Name ist Elke Hekler und ich wohne mit meinen beiden Hunden Maxx und Lucca, sowie ihrem Herrchen Matthias im schönen Schwabenländle. Ich habe schon immer viel gelesen und meiner Fantasie freien Lauf gelassen. Als Maxx drei Jahre alt war, zog Lino mit sechs Monaten bei uns ein. Leider wurde er sehr krank und musste uns schon nach fünf Wochen wieder verlassen. Ein paar Monate später kam Lucca, der Sohn einer rumänischen Straßenhündin, mit vier Monaten zu unserem Rudel. Mit seinem Einfallsreichtum die Wohnung, und das »Maxxmobil«, unser Hundeauto, zu »verschönern« trieb er mich oft zur Verzweiflung.
Ich stellte fest, wie erleichternd es war, sich alles von der Seele zu schreiben. So entstand: »Ein Hund ist nicht genug«.

Ein Jahr später verarbeite ich meine neue Erfahrung in »Zwei Hunde sind genug«.

Die Idee mit Lino und seinen Freunden im Regenbogenland hatte ich schon länger. Als mein kleiner Schatz mit nur sieben Monaten über die Regenbogenbrücke ging, suchte ich ein Buch, das mir Trost geben könnte – ich fand keines.
So entstand »Lino und seine Freunde im Regenbogenland«.

Wenn ihr schon immer mal wissen wolltet, was hinter der Regenbogenbrücke ist – dann könnt ihr euch jetzt auf schöne Geschichten von meinen Freunden und mir freuen.

Ich war gerade einmal sieben Monate alt, als ich Maxx, meinen Hundebruder und meine Menschen verlassen musste.

Als ich am Ende der Regenbogenbrücke vor der Eingangspforte stand, wurde ich von meinen Vorgängerbrüdern liebevoll in Empfang genommen.

In *Cat-Home-City* lernte ich Eddi kennen. Er sorgte durch seine vielen Streiche dafür, dass Petrus ein heftiges Donnerwetter veranlasste und seine Laune kurzfristig etwas verhagelt war.

Auch Olivia Katze, die sich für eine Reinkarnation einer Operndiva hält, durfte ich bei einem ihrer »Auftritte« bewundern. Dass danach Apollo Hund wegen der betrunkenen Radaubrüder für Recht und Ordnung sorgen musste, ist eine andere Geschichte.

Sam und Premi zeigten mir den Weg zu meinem Omafrauchen Sigrid. In *All-Happy-City* lernte ich glückliche Menschen kennen die mit ihren geliebten Haustieren dort wohnen.

In der Wellnessoase von Dwayne in Dog-Home-City hatten wir bei einer ausgiebigen Schlammschlacht immer sehr viel Spaß.

Das Beste aber ist der gläserne Aussichtsturm, von dem aus wir euch Menschen sehen. Also wundert euch nicht, wenn ihr manchmal das Gefühl habt, wir würden neben euch stehen.

Euer Lino und seine Freunde im Regenbogenland.

Und weiter geht's … manchmal traurig und dann wieder sehr lustig mit Lino und seinen Freunden. »Neues aus dem Regenbogenland«.

Lasst euch wie Kinder auf die Geschichten des Regenbogenlandes ein und ihr werdet sehen, alles ist möglich …

Schaut in den Himmel und denkt ganz fest an uns und ihr werdet die Botschaften, die wir euch schicken, verstehen.

In All-Happy-City, wo die Menschen gemeinsam mit ihren Tiere leben, gab es mächtig Ärger, als Hans Gründler die Bewohner dazu aufforderte, über ein weiteres gemeinsames Leben mit ihren Tieren abzustimmen.

Jorge und Lucky eröffneten. Jorge und Lucky eröffneten in Animal-City ein Therapiezentrum und sorgte für die Resozialisierung der Radaubrüder, den »Dog Angels«.

Paschas vollautomatischen Ballmaschine brachte uns allen viel Spaß und glitzerten Sternenstaub, bei dem Versuch die magischen Bälle zu fangen.

Auch die Veranstaltung der Flying-Dog`s und der Cats-Artist`s sorgten für viel Spannung und Unterhaltung im gesamten Regenbogenland.

Einer der feierlichen Momente war Zivas und Premis Verpfötelung. Auch Pheobe und Felix sowie Pünkchen und Mickey reichten sich bei der wunderschönen Zeremonie im Amphitheater die Pfötchen. Warum Eddi dann noch die Schleier der Katzenbräute zerriss und noch vieles mehr, erzähle ich euch sehr gerne.

Himmlische Grüße von Lino und seinen Freunden.

DANKE

Mein besonderer Dank gilt meinen zwei Chaoten, Maxx und Lucca. Und selbstverständlich auch dir Matthias, für deine große Geduld und dein Verständnis. Auch die schönen Fotos habe ich dir zu verdanken.

Ein herzlicher Dank gilt unseren Testlesern und besonders den fleißigen Korrekturfrauchen, den beiden Sandras!

Danke an Axel... dass du mich auf die richtige Spur gebracht hast.

Ohne eure Hilfe, den Zuspruch und eure liebevolle Art, wäre ich oft sehr verzweifelt gewesen.

Ein ganz dickes Dankeschön an Diane Degenbach.

Hier noch einige tollen Geschichten unserer Testleser!

Frieda, die Katze Willi und Frauchen Hannelore:

Hallo, ihr lieben Leser, oder wie wir hier im Norden sagen: Moin! Darf ich mich zuerst einmal vorstellen? Mein Name ist Frieda, ich bin schon gestandene 8 Jahre alt und will Euch heute mal nicht von mir, sondern von unserer Katze Willi erzählen.

Als ich als Welpe hier zu meinen Leuten kam, war natürlich alles ganz neu für mich. Meine Mama war eine zarte Labbi-Hündin und mein Papi eine gestandene Bordeaux-Dogge.

Als meine Leute die Bilder von mir und meinen Geschwistern im Internet sahen, haben sie sich gleich in mich verliebt, Hunde, ich schweife schon wieder ab.

Also, ich kam hier im Haus an. Da war ja fast so viel Leben wie in meinem alten daheim. Zuerst wurde ich vorsichtig von Ronja, einer Labbi-Mix Hündin begrüßt.

Die war für mich die nächste Zeit so ein Mittelding von Mama und großer Schwester.
Dann kam so ein großes rot-weißes Viech, erst hatte ich Angst, weil der größer war als ich und irgendwie fremd. Aber er wurde für mich der beste Spielkamerad und Freund, mein geliebter Kater Samson.
Tja, und dann gab es noch so ein grau getigertes Wesen, fauchte gleich bei meinem Anblick und sollte mir in den nächsten Jahren noch etliche Kratzer beibringen. Die Menschen warnten mich oft: "Lass nur Willi in Ruhe!" Ich hab ja oft gegrübelt, eine Katze, die Willi heißt, ist doch ein Männername. Aber irgendwann hab ich mir aus den Erzählungen der Menschen so alles zurechtgelegt. Dazu muss Hund sagen, sie heißt nicht nur Willi, auch Agrokatze, Monstermieze oder schlicht Mistvieh sind allzu oft gängige Bezeichnungen hier im Haus.
Nu mal von vorne, lange bevor ich hier als Welpe ankam, haben meine Leute von Freunden, die bei "Tiere in Not" engagiert sind, einen Tigerkater übernommen, den sie Willi getauft haben. Es war ein ganz lieber und der jüngste Sohn, der damals noch im Haus mit lebte, mochte ihn besonders gerne. Doch eines Tages kam Willi nicht mehr nach Hause. Die Chefin hat tagelang alles abgesucht, Tierheim angerufen, ist die ganzen Straßengräben abgelaufen. Die alte Katze Wilma war nun ganz allein.
Meine Leute haben 6 Wochen gewartet, kein Willi. Da riefen ihre Tierschutzfreunde an, sie hätten einen Notfall, eigentlich 2 Notfälle. Leute, die in Urlaub wollten, stellten plötzlich fest, dass sie eine Katzenallergie hätten. So kamen dann die beiden 12 Jahre alten Katzenbrüder Haegar und Kolumbus zu uns. Na ja, Cheffe war nicht ganz so glücklich, eigentlich waren ihm schon 2 Katzen zu viel, aber er wollte kein Unmensch sein. Alles lief prima, bis ...
Ja, bis da ein grauer Tigerkater an der Terrassentür miaute. Die Chefin: Willi ist wieder da. Sohnemann meinte, Willi wäre doch viel größer gewesen. Aber es

waren mittlerweile schon 3 Monate vergangen und das arme Tier war nur Haut und Knochen. Also wurde die Tür aufgemacht, Willi spazierte herein, als wenn er gerade vor einer Stunde raus wäre. Na, und dann wurde das arme Tier gefüttert bis zum Abwinken. Nur sein Wesen hatte sich total verändert. Er war böse mit den anderen Katzen, fing kleine Kämpfe an und machte sogar sein Geschäft in die Futternäpfe der anderen. Die Chefin war empört, aber alle sagten, hab Geduld, man weiß ja nicht, was der arme Kerl mitgemacht hat. Es war so schlimm, dass selbst die Tierschutzfreunde vorschlugen, ihn in eine Kiste zu packen und paar Dörfer weiter auszusetzen. Aber egal, das Futter schlug an, Willi wurde dick und dicker. Dann kamen die ersten Zweifel auf. So dick rund um den Bauch war er doch nie! Als denn die Wehen kamen und Willi auf der Kücheneckbank 2 Junge bekam, wurde Er/Sie in einen leerstehenden Raum gebracht. Schließlich hatte Willi 5 Katzenwelpen das Leben geschenkt und dann war es ja allen klar. Willi ist nicht Willi. Aber die Chefin entschied, das hinterhältige Mistvieh heißt weiterhin Willi. Seit über 16 Jahren lebt sie jetzt schon hier und auch ich habe manchmal noch unter ihren Krallen zu leiden. Manchmal stöhnt die Chefin, dass diese Katze aus purer Boshaftigkeit noch lebt.

Bor-Ber-chen und ihr Frauchen Gabi:

Unser erster Hund war Linus, ein prachtvoller Berner-Senner-Rüde. Bevor er zu uns kam, hatten ihn gewissenlose Menschen ausgesetzt. Er kam dann über Umwege zu uns und er ist der Urvater aller »Borbers«. Dann kam Luna, eine Border-Hündin dazu, die heute neun Jahre alt ist. Linus suchte dann noch Odie, einen Berner-Senner-Rüden für mich aus. Leider starb Linus mit zwölf Jahren, sechs Wochen, bevor der kleine Odie zu uns kam.

Als er neun Monate alt war, wurde er von der damals vier Jahre alten Luna verführt und er hat sie in seinem jugendlichen Alter sofort beglückt. Das Ergebnis waren Ende Oktober 2010, sieben wunderschöne Bor-Berchen. Es waren fünf Buben und zwei Mädels. Samson, Monty, Krümel, Anton, Lotta, Anuschka und Turbo. Leider musste bei Luna ein Notkaiserschnitt gemacht werden, aber zu unserer großen Erleichterung erholte sie sich wieder schnell von dem Eingriff. Wir haben uns so gefreut, dass alle es geschafft hatten. Die Welpen haben wir dann mit der Flasche großgezogen, da Luna keine Milch hatte.

Von Anfang an waren Anuschka und Turbo unsere Sorgenkinder, die beiden sind bei uns geblieben. Die anderen fünf Welpen haben wundervolle Familien gefunden.

So haben wir jetzt fünf Hunde, Luna, Odie, Anuschka, Turbo und nicht zu vergessen unser Onkel Cookie, ein Zwergpudel, ohne ihn wäre unser Bor-Ber-Rudel undenkbar.

Inga und Frauchen Ingrid:

Dieses Jahr fuhren wir das erste Mal seit vielen Jahren in Urlaub. Inga ist jetzt alleine, da die beiden anderen, Ronda und Jacky über die Regenbogenbrücke gegangen sind. Wir hatten eine Ferienwohnung im Bayerischen Wald. Die Ferienwohnung war sehr schön doch, »oh Schreck«, in das Schlafzimmer ging es nur über eine schmale, steile Wendeltreppe. Das war nix für den Hund. Aber alleine konnte Inga nicht bleiben. Also haben wir auf jede Stufe einen Hundekeks gelegt. Die ersten drei Stufen ging es, dann war Schluss. Tragen ließ sie sich aber auch nicht.

Nach stundenlangen Versuchen hat sie dann endlich die Wendeltreppe nach oben genommen. Aber morgens musste sie ja wieder runter.

Das gleiche Spiel begann von vorne.

Abends mit viel Leckerlis rauf und morgens wieder runter. Am letzten Tag ging Inga mehrmals die Treppe rauf und runter und setzte sich dann vor mich hin: Auf geht's Frauchen ich bin die Treppe gegangen, jetzt gibt's sofort ein Leckerli.

Apollo, Chief und Frauchen Margot:

An diesem verdammten Morgen ahnten wir, dass Du unser geliebter Apollo gehen wolltest. Du konntest seit 3 Tagen nicht mehr auf Deine Hinterbeine stehen und hast auch nichts mehr gegessen. Du wolltest immer nur raus auf der kalten Terrasse liegen, ich denke, die Kühle hat Dir gutgetan. Da Du ja sehr groß und schwer warst, haben wir Dir ein Handtuch hinten umgelegt und halfen Dir nach draußen zu kommen. Da lagst Du nun, Dein Blick ging zu dem Garten, der Glanz in Deinen Augen war erloschen.
Ich glaube, Du mein Bubele warst schon weit weg von uns. An diesem Tag saß ich stundenlang bei Dir, habe meinen Kopf in Dein weiches Fell vergraben und habe die Krusten des verdammten Krebses gespürt, der auf und in Deinem Körper war. Ab und zu nahmst Du mal einen Schluck Wasser, wenn ich Dir meinem Schatz die kleine Schüssel hinhielt. An diesem Tag konnte ich nicht viel im Haus arbeiten. Ich war die ganze Zeit bei Dir draußen und habe Dich gestreichelt und von unserer schönen Zeit erzählt, die wir miteinander hatten. Gegen 16.00 Uhr kam dann Daisys Frauchen Mona bei uns vorbei, Mona die Dir immer die Nadeln gesetzt hat, dass die Hitze aus Deinem Körper rausgeht. Wir brachten Dich dann ins Auto mit dem Gedanken, dass Monas Tierarzt vielleicht noch helfen kann und fuhren mit Dir nach Donaueschingen. Der Tierarzt war so lieb und hat sich noch so um Dich mein Schatz gekümmert. Nach einem Ultraschall den er im Wartezimmer bei Dir gemacht hat, erfuhren wir, dass Du mindestens 6 Liter Wasser in deinem kleinen Bauch hast und Du sehr starke Schmerzen hattest. Warum

hast Du nicht gejammert und gezeigt das Dir was weh tut mein lieber Apollo?
Ich ließ Dich dann in meinen Armen gehen.
Sahst nachher so friedlich aus und ich war so froh, dass ich diese Kraft dazu hatte, aber ohne Mona hätte ich das nicht geschafft.
Als ich dich dann ein paar Tage später nach Hause holen konnte, ging es mir etwas besser. Du hast Deinen letzten Platz an Deinem geliebten Pinkelbaum bekommen und bist immer ganz nah bei uns.
Nach einem halben Jahr kam Chief zu uns und da war auch wieder Daisy Frauchen Mona beteiligt, sie hat den Buben von Nürnberg zu uns geholt. Er ist zwar schon 9 Jahre alt aber noch sehr fit. Der Bub wäre sonst im Tierheim gelandet. Mit Chief ist das Lächeln wieder zu uns gekommen und Er hat auch so manche Eigenschaften, wie Du Apollo hattest.
Wir hoffen, der liebe Gott schenkt ihn uns noch ein paar Jahre.
Aber Du Apollo wirst immer in unserem Herzen sein und eines Tages werden wir uns alle wieder sehen.

Larry, Shara und Frauchen Tanja:

Mein Name ist LARRY, und ich erzähle euch mal meine Geschichte, wie ich zu meinem Frauchen kam. Im Oktober 2014, besuchte mich mein jetziges Frauchen bei meiner Pflegestelle, ich muss euch sagen, das war LIEBE auf den ersten Blick. Und mein Frauchen hat sich sooo in mich verschossen, dass ich zwei Tage später schon abgeholt wurde, und zwar für IMMER. Da ich der erste Hund meines Frauchens war, brauchten wir ein bisschen, bis wir uns aneinander gewöhnt haben. Dafür ist es jetzt umso besser. Im Dezember kam dann der erste Pflegehund zu uns, es sollten noch ein paar folgen.
BIS im April, Shara kam. Was soll ich zu Shara sagen???
Frauchen holte Sie am Flughafen in Stuttgart ab, da

Sie wie ich aus Griechenland kommt. Schon am Flughafen war es um MEIN Frauchen geschehen. Sie sagte: »Oh Gott ist die süß, Larry in klein«!!!!
Und ICH fand sie nach 2 Tagen auch voll OK, seit diesem Tag sind wir Pflegestellen-Versager.

Franky, Sammy und Frauchen Sandra:

Franky, Sammy und der Buddha.
Unsere Kumpels Maxx und Lucca haben uns gebeten, dass wir euch ein bisschen von uns erzählen. Das machen wir natürlich sehr gerne.
Wir, das sind Sammy, ein schwarzer Langhaar Kater, und ich, Franky, ebenfalls Langhaar aber schwarz - weiß. Wir leben in Österreich, bei unserem Personal, haben ein Haus mit großem Garten, an das ein Wäldchen anschließt.
Das Problem ist, unsere Menschen denken, dass alles ihnen gehört. Wir sehen das jedoch ganz anders ...
Raus dürfen wir nur, wenn schönes Wetter ist und jemand zu Hause ist, der auf uns aufpassen kann.
Wir hören ständig, Franky Sammy NEIN nicht auf die Straße (da fährt alle paar Stunden mal ein Auto) Franky Sammy NEIN nicht zum Nachbarn. Drinnen stehen alle Türen offen damit wir überall nach dem Rechten sehen können.
Das gestaltet sich aber auch schwierig, da wir nie in Ruhe unsere Kontrollgänge machen können. Wieder ertönt das wohlbekannte, Franky Sammy NEIN die Gardinen sind nicht zum Schaukeln da. Franky Sammy NEIN nicht die neue Vase ...
Als ich beim Personal eingezogen bin, dachte ich die wollen mich NEIN taufen. Zum Glück stellte sich dann aber heraus, dass alle Gegenstände NEIN heißen. Ich wurde nach Franky Sinatra benannt. Ich sage, weil ich so eine wunderschöne Stimme habe, mit der ich um 4 Uhr morgens kundtue, dass ich bitte endlich raus möchte, weil mir das Eichkätzchen schon wieder die Zunge rausgestreckt hat.

Das Personal behauptet, die Namen kommen vom Ratpack ...

Tagsüber sind wir bei der Mama vom Personal. Sie wohnt im gleichen Haus, was wirklich toll ist. Wir haben sozusagen 24 Std. Service. Im ganzen Haus stehen kleine oder größere Figuren herum. Das Personal behauptet, weil das schön ist, das Haus beschützt oder einfach nur so. Wir haben striktes Antapps-Verbot. Warum auch immer ...

Eines Tages bekam unser Personal eine Figur geschenkt. Sie freute sich sehr und suchte einen Platz. Ein Entzücktes: »Schaut, ich hab einen Platz gefunden« ließ uns hellhörig werden. Sofort sagte sie: Franky, Sammy nur anschauen nicht kaputt machen, das ist Buddha, er beschützt uns.

Einen schlechteren Platz hätte sie nicht finden können, unser Lieblingsplatz auf der Fensterbank unter einem Dekogegenstand aus Holz war gleich daneben.

Wir sind sehr schlank, haben aber ein bisschen viele Haare, (PfötchenHintermRückenKreuz) daher gestaltete es sich schwierig unseren Lieblingsplatz zurückzuerobern.

Ich versichere euch, wir haben nicht angefangen. Buddha wollte einfach kein Stückchen zur Seite rücken, wir haben ihn ganz lieb gebeten, aber nein er wollte nicht, irgendwer hat ihn dann doch zur Seite gerückt, da er ein bisschen mollig ist, bekam er das Übergewicht. Todesmutig wollten wir ihn retten, wir kamen aber leider zu spät.

Als die Mama vom Personal heimkam, sah sie die schwerwiegenden Verletzungen.

Ihre Erste Hilfe Versuche waren großartig. Damit er sich erholen konnte, legte sie ihn auf ihren Esszimmertisch ... der heißt übrigens auch NEIN.

Das schöne bei uns Katzen ist, jeder denkt wir könnten keine Kommandos lernen, das haben unsere Vorfahren wirklich schlauer angestellt als die der Hunde, na ja auf jeden Fall ist NEIN sehr großzügig und lässt uns immer auf ihm schlafen. Auch an diesem Tag.

Buddha wollte wieder keinen Platz machen ....
Er bekam erneut Übergewicht, diesmal waren alle Rettungsversuche vergebens, sein Kopf war ab. Als das Personal nach Hause kam, schaute sie uns an, dann Buddha, sie holte das Knipsding, machte ein Foto und meinte dann nur: »Franky du vertust es dir mit allen Heiligen, jetzt Buddha und vor zwei Jahren mit der Mama vom Christkind« ...
Aber das ist eine andere Geschichte.

Rocky, Shiva und Frauchen Sandra:

Nachdem meine geliebte Jenny über die Regenbogenbrücke ging, zog neun Tage später am 26.09.2003 Rocky ein Ratero-JRT-Pinscher-Mix ein. Ich konnte nicht ohne Hund existieren und so gingen wir Welpen gucken. Dass es ein Welpe sein sollte, war klar. Ein Mischling stand für mich auch fest und so klapperten wir mehrere Ups-Würfe ab. Da fanden wir ihn. Einen kleinen rotbraunen Kerl mit frechem Gesicht, aufgewecktem Blick und einer Seele, die meine berührte. Rocky war fetzig, Rocky war lebendig, Rocky war frech, Rocky war... mein Seelenhund. Über ihn könnte ich Stunden erzählen.
So sehr ich Jenny geliebt habe, Rocky war und bleibt der Millionentreffer unter den Hunden.
Er war mein exaktes Gegenstück, meine seelische Ergänzung. Ohne ihn, wäre ich nicht der Mensch, der ich jetzt bin. Mit Rocky begann ich Agility zu trainieren. Durch ihn lernte ich viele meiner Freunde kennen. Er war Everybodys-Darling und machte mit mir alles mit. Ihn konnte ich überallhin mitnehmen, mit ihm konnte ich jedes Abenteuer erleben. Ich hatte mir schon immer einen zweiten Hund gewünscht und als Rocky 8 Jahre alt war, beschloss ich, diesen Wunsch umzusetzen.
Also schaute ich mich immer wieder in diversen Internetportalen um, recherchierte und war auf der Suche nach einem Welpen. Für mich kam und kommt

immer nur ein Welpe in Frage. Und so stolperte ich im Internet über ein Foto... und dann noch mehr Fotos. Drei entzückende süße Welpen mit Mama. Die kleine Familie saß im Tierheim in Varna/Bulgarien. Eigentlich wollte ich keinen Auslandshund und schon gar nicht aus dem Osten - warum? Ich weiß es nicht. Aber ich war verliebt.

Verliebt in dieses entzückende Hundekind. Sie sah so fröhlich und drollig aus. Also machte ich im März 2012 den Deal klar. Am 31.03.2012 bekam ich die Zusage, dass das Hundekind, namens Peppy bei mir einziehen durfte. Ich taufte sie um in Shiva und freute mich wie ein Schnitzel.

Zeitgleich entstand bei Rocky unerklärlicher Husten. Ich ging schließlich die Lunge röntgen lassen zum Tierarzt und bekam eine niederschmetternde Diagnose. Im Februar war Rocky noch auf Agi-Turnieren gestartet und hatte vordere Plätze belegt. Wie konnte dieser wundervolle Hund dem Tod geweiht sein? Das war doch unmöglich. Nicht mein Rocky! Kurzzeitig erwog ich sogar, Shiva abzusagen... aber das brachte ich nicht übers Herz. Wenn ich mich mal für einen Hund entschieden habe, dann ändere ich diese Entscheidung auch nicht ab.

So kam es, dass ich mit Rocky einen wunderschönen, aber auch sehr traurigen April erlebte. Wir besuchten gemeinsam alle Plätze, die er liebte und machten herrliche Wanderungen - ich hatte immer ein Auge auf ihn. Wenn er Hähnchen bettelte, dann bekam er es. Wenn er Ball spielen wollte, dann durfte er... vielleicht hoffte ich im Stillen, dass er einfach während dem Ball spielen am Herzschlag sterben würde und ihm ein langes Leiden erspart bleiben würde (wobei ich das eh nicht zugelassen hätte).

Am 29.04.2012 zog Shiva bei mir ein. Es war mein 35. Geburtstag.

Ich wusste, dass Rocky todgeweiht war...

Shiva, mein kleiner Welpe, der eigentlich lieb und nett und fröhlich sein sollte, war ein kleines zitterndes und voller panischer Aggression steckendes Fellknäuel. Voller Zecken, total verfilzt, und total verpilzt. Überall waren schlecht verheilte Bisswunden und Prellungen. Was war dem Hundekind nur zugestoßen? Mir wurde immer per Mail von einem fröhlichen und mutigen Welpen berichtet, der sich mit allem und jedem hervorragend verstand. Obwohl es ein schöner Tag war und auch noch schöner hätte sein können, die Angst um Rocky, die Verzweiflung, dass Shiva eben das Gegenteil war machte mir Angst.

Trotzdem schaffte ich es, das Beste daraus zu machen. Shiva wurde gebadet, gebürstet, verarztet. Sie bekam zum ersten Mal in ihrem Leben eine Mahlzeit, die sie nicht verteidigen musste. Ich wollte es langsam angehen lassen und gab ihr eine Portion Pansen. Der kleine Körper war so dürr und ausgezehrt… Appetit hatte sie. Mein lieber Schieber… ich hab noch nie einen Hund so schnell fressen sehen!

Shiva und Rocky hatten nur 2 gemeinsame Wochen, dann musste ich ihn leider gehen lassen. Meine Welt brach zusammen - wieder einmal. Da stand ich nun, ein Hundekind voller Angst an meiner Seite und mein Seelenhund war fort …

Shiva ist speziell.

Sie kann so lieb, witzig, mutig, freundlich, verkuschelt, spontan, fröhlich und einfach ein toller Hund sein. Aber sie kann auch ängstlich, aggressiv, zickig und ein richtiger Arschlochhund sein. Nach einem will-to-please-Hund und meinem Seelenhund hat Shiva einen sehr schweren Stand.

Aber sie gibt sich unendlich Mühe und mein Herz hat sie längst erobert. Das hatte sie in der ersten Minute. Wie heißt es so schön: »Du hattest mich schon nach dem Hallo… «

Wir finden unseren Weg…

Sie liebt es herumzutoben, sie zerlegt gerne, sie apportiert Bälle und alles, was sie findet. Sie ist ein Wildfang und könnte ständig in Bewegung sein. Aber sie hat gelernt, Ruhepausen einzuhalten, und schafft es auch den ganzen Tag zu verschlafen. Mittlerweile genießt sie es, faul herumzuliegen und einfach nur die Welt auf sich wirken zu lassen.

Wir finden unseren Weg ... Da sie aufgrund einer Rückenverletzung aus ihrer Welpenzeit kein Agility machen darf, hab ich mit ihr Rally Obedience begonnen und wir haben schon mehrere Turniere mehr oder weniger erfolgreich absolviert (für uns ist jedes Turnier, das mit einer gültigen Wertung endet erfolgreich). Wir machen zwar ein bisschen Agi, aber auf niedrigem Niveau, um ihren Rücken nicht zu belasten. 2x im Monat geht es zum Hundeschwimmen in die Hundephysiotherapiepraxis, damit einer eventuellen Verschlechterung vorgebeugt werden kann. Ansonsten ist sie ein fideler und kerngesunder Hund, der gerne spielt und mit mir die Welt entdeckt. Wir finden unseren Weg... und ich liebe mein kleines Wuschelmädchen so sehr, dass ich sie in einem eigenen Blog zu Wort kommen lasse. Es macht mir Spaß über die Welt aus ihrer Sicht zu berichten. Sie ist ein Hund voller Begeisterung für das Leben. Von ihr habe ich viel über Mut und über die Fähigkeit, aus allem das Beste zu machen, gelernt.

Ende

Hiermit endet unser »Erstlingswerk.

Wir würden uns tierisch darüber freuen, wenn euch unsere Geschichten gefallen haben. Wir hoffen, dass ihr nicht über zu viele Rechtschreibfehler gestolpert seid. Denkt daran die dicken Pfoten sind daran schuld ... wir sind jung und brauchen das Geld!

Es wäre toll von euch unseren lieben Lesern zu hören.
Hoffentlich bis bald euer Maxx und der Lucca!
Über ein Feedback, sei es als Rezension oder auf unserer Facebook-Seite: Maxx–Lucca–Hund wäre so klasse. ☺
Auch über eine E-Mail an maxx-lucca-hund@gmx.de würden wir uns sehr freuen.

35156239R00116

Printed in Poland
by Amazon Fulfillment
Poland Sp. z o.o., Wrocław